하나님의 드라마,
에스더

> **양무리서원**은 복음의 본질을 새롭게 규명함으로써 오늘을 사는 그리스도인들에게 하나님 나라의 가치관이 정립된 건전하고 참신한 믿음 생활의 원리를 제시하고 있습니다.

하나님의 드라마, 에스더

초판 1쇄 인쇄 · 2006년 3월 21일
초판 1쇄 발행 · 2006년 3월 31일

지은이 · 임세일
펴낸곳 · 양무리서원
편　집 · écrits
출판등록 · 제2-1182호(1991년 6월 1일)
주소 · 100-013 서울시 중구 충무로3가 59-23 영한빌딩 1201호
전화 · 02-904-0621
보급처 · 비전북　T. 031-907-3927　F. 080-403-1004

ISBN 89-85312-59-6　03230
값 7,000원

▫ 잘못된 책은 바꾸어 드립니다.

하나님의 드라마,
에스더

임세일 지음

양무리서원

차례

머리말 하나님과 함께하는 위대한 드라마를 꿈꾸며 · 6

개관 하나님의 드라마, 에스더 · 9

1부 세상이 꿈꾸는 그들만의 세상

1장 우리가 사는 세상 · 25
다른 시대, 동일한 인간성 | 힘 있는 사람들의 진실 | 나약함과 열등감
자존심 | 아부 | 합리화 | 숨겨진 교훈

2장 세상으로 나아가자 · 43
세상을 바라보는 두 가지 시선 | 세상에 대한 두 가지 개념 | 세상 사람들의 일상 1
세상 사람들의 일상 2 | 하나님의 백성으로 살아간다는 것 | 하나님과 함께 세상 속으로

2부 세상과 하나님의 대결

3장 세상의 위협 · 61
세상을 움직이는 힘 | 사람의 때와 하나님의 때 | 무례한 그리스도인
혈관을 타고 이어진 민족적 원한 | 세상의 전략 | 위기를 기회로 바꾸는 하나님

4장 세상을 바꾼 사람들 · 79
유대인 살육 프로젝트 가동 | 빠져나갈 수 없는 상황 | 위기를 돌파한 사람 1
위기를 돌파한 사람 2 | 위기를 돌파한 사람 3 | 하나의 목표를 향해 움직이는 사람들

5장 보이는 세상과 보이지 않는 세상 · 97
왕에게 나아가는 에스더 | 모험적 계획과 금식, 그리고 실천 | 행복해하는 두 사람
에스더, 역전의 찬스를 잡다 | 보이지 않는 것을 믿고 실행한 에스더
하나님의 계획, 시작되다

3부 잔치를 준비하시는 하나님

6장 세상을 주관하시는 하나님 · 115
끝나지 않은 싸움 | 고개 든 숨은 역사 | 몰락의 전주곡 | 역전된 상황
엇갈린 희비 | 무너진 세상 권력

7장 끝이 있는 세상 · 131
총리 하만의 몰락 | 잔치에 끌려간 하만 | 교만의 결과 | 결말을 아는 사람들의 자세
주어진 역할을 감당한 에스더와 모르드개 | 잔치의 절정 | 위대한 결말

8장 하나님이 다스리는 영광의 세상 · 147
뒤바뀐 세상 | 영원하지 않은 세상 | 위기를 대비하는 자세 | 또다시 목숨을 걸고
바뀌는 역사, 변화하는 사람들 | 세상 속에서 더 큰 영광을 위하여

4부 하나님이 만들어 가시는 위대한 세상

9장 승리의 세상 · 163
두 개의 조서 | 승리의 결정적 요인 | 완벽한 승리
물질과 사람의 능력을 뛰어넘는 위대한 배경 | 경계해야 할 합리화와 정당화
부림의 교훈

10장 영원한 세상을 향하여 · 179
세 문장의 위력 | 샬롬 엔딩 | 위기 극복을 넘어 샬롬으로
우연과 운을 거부하기 | 영광의 샬롬

| 머리말 |

하나님과 함께하는 위대한 드라마를 꿈꾸며

　평생을 힘들게 살아오신 어른들이나 인생의 위기와 어려움을 극복하고 극적인 성공을 이뤄낸 분들과 대화하다 보면 항상 듣게 되는 말이 있습니다.

　"인생은 마치 한 편의 드라마 같아요."

　그렇습니다. 우리는 각자에게 주어진 시간이 얼마인지 모르지만, 그 기간 동안 수많은 사람들과 함께 드라마와 같은 인생을 살아갑니다. 하지만 드라마에는 등장인물들만 있는 것이 아니라 드라마를 준비하는 스태프들이 있고 그것을 조화롭게 연출하는 연출자도 있습니다. 우리는 스스로를 주인공이라 생각하지만 주인공의 삶을 살아가려면 연출자에게 캐스팅을 받아야 합니다. 에스더서는 바로 하나님이 캐스팅하신 에스더와 모르드개가 보여주는 가장 진실한 '인생 드라마'이며, 그것은 오늘 우리에게도 동일하게 적용되는 '시즌 드라마'입니다.

　하나님이 창조하신 이 세상을 살아가면서 우리는 세상에 대해 잘못된 편견을 갖고 살아가는 경우가 많습니다. 그것은 우리가 하나님의 자녀이기 때문에 세상과 단절된 삶을 살아야 한다는 것입니다. 그래서 세상 사람들과 섞이지 않고 우리끼리만 거룩한 삶을 추구하면 된다고 생각하곤 합니다. 하지만 이렇게 되면 사람들에게 예수 그리스도를 전하고 세속적인 세상 문화를 변혁할 주인공으로 우리를 캐스팅하신 연출자 하나님의 뜻을 이뤄드릴 수 없습니다.

중요한 것은 하나님이 이미 우리를 변혁의 주인공으로 캐스팅하셨다는 사실이며, 우리는 그 사실을 항상 기억하고 우리 삶에서 그것을 구체적으로 실행해야 한다는 것입니다. 그렇기 때문에 '세상 속에서 세속에 물들지 않고 세상을 변혁하는 사람으로' 살아가야 합니다. 그것이 바로 에스더와 모르드개가 페르시아 제국에서 보여주었던 것이며, 우리가 21세기 페르시아 제국에서 추구해야 할 하나님의 백성으로서의 길입니다.

자신의 인간적인 결점과 고집을 그대로 드러냈던 모르드개, 하나님 앞에 강하게 준비되기 전에 한 없이 약한 마음을 내비쳤던 에스더를 보며, 우리는 그런 평범한 사람들을 통해 자신의 뜻을 완벽하게 성취하시는 하나님의 위대함에 감격하게 됩니다.

에스더서가 위대한 하나님의 드라마로 기억될 수 있는 것은, 그것이 뛰어난 인간들이 이뤄낸 위대한 업적이 아니라 평범한 사람들을 통해 이루어진 위대한 역전 드라마였기 때문입니다. 아무것도 보이지 않는 상황에서 하나님만 바라봤을 때, 드디어 하나님이 개입하셨고 바로 그 순간 세속적인 계략은 여지없이 무너집니다. 그리고 이런 하나님의 위력은 온갖 문제를 안고 힘겹게 이 세상을 살아가는 우리 모든 그리스도인들에게도 동일하게 적용됩니다.

이런 점에서 이 책은 우리 삶의 현장을 냉정하게 조명하면서 세상과 세속 사이에서 우리가 서 있어야 할 위치를 보여주고, 그 가운데 우리를 통해 일하시며 위대한 계획을 준비하고 실행하시는 하나님을 드러냅니다.

하나님을 알지 못하는 사람들과 더불어 살아가는 이 세상에서 우리 그리스도인들은 세속에 물들지 않는 소극적인 신앙을 넘어서서, 에스더와 모르드개처럼 하나님이 구체적으로 개입하고 있다는 증거를 우리 삶을 통해 보여주어야 합니다. 그것이 바로 우리가 이 세상에서 보여주어야 할 인생 드라마입니다.

하나님이 연출하시는 이 위대한 드라마 에스더서를 통해 우리 시대에도 날마다 하나님의 드라마를 체험하며 살아가는 사람들이 많이 나오기를 기대합니다.

따스한 봄날의 문턱에서, 임세일

| 개관 |

하나님의 드라마, 에스더

에스더서
하나님의 무대에서 영화처럼 살다간 사람들의 이야기

우리는 파란만장한 삶을 살아온 사람의 이야기를 듣게 되면 '저 사람 정말 영화 같은 삶을 살아왔구나!' 하고 이야기하곤 합니다. 짧은 생애를 보내고 갔지만 미국 대통령으로 강한 인상을 남긴 존 F. 케네디, 평생 모든 기도를 응답받은 조지 뮬러, 그리고 하나님의 꿈쟁이 요셉과 같은 인물들이 바로 영화 같은 인생을 살다간 사람들입니다. 그런 사람들의 삶은 영화와 무척이나 닮아 있어서 곳곳에서 긴장감을 느끼게 하고 절정에 이르게 되면 주인공의 선택에 따라 영화의 결말이 달라집니다. 이 책에서 우리가 함께 만나볼 사람도 바로 그런 영화 같은 인생을 살다간 사람으로, 평범한 유대인 소녀에서 일약 제국의 왕후가 된 에스더입니다.

에스더서는 참고도서가 많은 창세기, 출애굽기, 요한복음, 로마서 등과는 달리 참고도서가 매우 적습니다. 이처럼 참고도서가 많지 않다는 것은 그만큼 대중적이지 않다는 것인데, 그 이유는 그 책을 강해하기가 상대적으로 어렵기 때문이라 생각합니다.

언뜻 보면 에스더서는 영화나 드라마처럼 구성되어 있기 때문에 내용을 이해하기는 쉽습니다. 하지만 사실 내용에 대한 이해는 1차적인 문제이고, 더 중요한 것은 그 본문 말씀을 어떻게 적용할 것인가를 발견하는 것입니다. 하나님이 주신 성경을 하나님이 허락하시는 방법으로 깨달아 정리할 때, 그것은 사람들의 삶을 감동시키고 그들의 삶을 위력적으로 바꿀 수 있기 때문입니다.

먼저 에스더서 강해를 시작하기 전에 전체적인 개요를 함께 나누고 싶습니다. 이렇게 에스더서의 배경과 등장인물들, 그리고 주요 사건 등을 살펴봄으로써 에스더의 인생을 이끌어 가시고 그를 통해 일하시는 하나님을 함께 만나려 합니다. 그 하나님을 만날 때 우리는 우리 삶에 역사하시는 하나님의 은혜를 경험하게 될 것입니다.

에스더서의 배경과 등장인물
세상의 권력자와 하나님의 사람들

에스더서는 구약성경 39권 중 17번째 등장하는 책으로, 구약시대의 역사를 중심으로 기록된 역사서 가운데 마지막에 위치합니다. 17권의 역사서 가운데 에스더서가 마지막에 온다는 것은 이 내용이 구약시대의 역사에서 가장 마지막 시점에 일어났던 일을 담고 있다는 말입니다.

구약의 역사를 간단히 살펴보면 창세기의 천지창조로부터 시작합니다. 아담, 셋, 노아를 거쳐 믿음의 조상 아브라함에 이르러 하나님은 그에게 가나안 땅을 주시고 그와 그의 자손을 축복하십니다. 그 뒤 야곱과 요셉이 무대에 등장할 때 그의 가족들은 이집트로 이주해서 당시 총리였던 요셉의 인도 아래 번성하게 됩니다. 하지만 오랜 세월이 흘러 이집트의 새로운 왕이 이스라엘 백성들을 학대하게 되고 하나님은 모세를 통해 이스라엘 백성들을 구해내시며 여호수아를 따라 그 2세들이 가나안 땅으로 돌아오게 됩니다. 그곳에서 아브라함의 자손, 이스라엘 12지파는 각각 땅을 분배받게 됩니다.

당시에는 왕이 없고 사사들이 통치하다가 초대왕으로 사울이 등장하고 그 다음을 다윗과 솔로몬이 잇게 됩니다. 하지만 솔로몬 이후에 나라는 이스라엘과 유다로 분열되는데, 이스라엘은 먼저 앗수르에게 망하고 유다는 150년 뒤에 바빌로니아에게 망합니다. 그때 이스라엘 백성들은 여러 나라로 끌려가게 되지만 페르시아의 왕인 고레스가 바빌로니아를 물리친 뒤에 이스라엘 백성들을 고향으로 돌려보내기 시작합니다. 이것은 1차 귀환으로서 주전 537년경에 이루어졌고 원하는 사람들이 자기 선택에 따라가는 것이었습니다.

2차 귀환은 그로부터 약 80년이 지난 주전 458년이 지나서 이루어집니다. 이 기간에 페르시아를 통치한 왕이 에스더서에 나오는 아하수에로 왕입니다. 그는 다리오 1세의 아들로서 아하수에로라는 이름은 당시 그 나라 사람들의 왕에 대한 호칭이었으며, 실제 이름은 크세르크세스입니다.

구약의 역사서 중 17권의 책 가운데 마지막 3권인 에스라서, 느헤미아서, 에스더서는 이 귀향 당시에 일어난 사건을 기록한 책입니다. 그 중에서 에스라서에는 1차 귀향과 관련된 내용이 담겨 있고 느헤미야서에는 3차 귀향과 관련된 내용이 정리되어 있으며, 에스더서는 1차와 2차 귀향 사이에 발생한 사건이 기록되어 있습니다. 그러니까 에스더서는 1, 2차 귀향 기간에 페르시아에 살고 있던 유대인이 겪은 이야기라고 할 수 있습니다.

여기에 나오는 주요 등장인물은 4명으로 아하수에로 왕, 그의 신하 하만, 모르드개, 그리고 에스더입니다. 하만은 아말렉 사람이고 자신의 마음에 들지 않는 모르드개와 동족인 유대인을 죽이려고 한 사람입니다. 모르드개는 유대인으로 직위가 낮은 군인으로 있다가 사촌동생인 에스더가 왕후가 되면서 진급한 사람입니다. 그는 에스더의 부모가 돌아가시자 에스더를 키웠으며, 에스더는 그의 밑에서 자란 고아로 미모의 여인이었습니다.

와스디는 에스더가 왕후가 되기 전에 아하수에로 왕의 왕후였지만 왕의 체면에 먹칠을 한 사건으로 쫓겨난 비운의 여인이었습니다. 하지만 성경에는 나오지 않지만 그녀의 아들이 왕이 되면서 와스디는 비운의 삶을 벗어날 수 있었다고 합니다.

에스더서 스케치
핵심 줄거리는 어떻게 움직이는가?

다른 책들과는 달리 에스더서는 이방 나라의 심장부인 페르시아의 수도 수산에서 벌어지는 사건을 다루고 있습니다. 에스더서의 구체적인 내용은 다음과 같습니다.

　페르시아라는 대제국을 다스리는 아하수에로(Ahasuerus) 왕은 바빌로니아를 멸망시킨 선대 고레스 왕보다 힘이 더 강했습니다. 고레스 왕 때는 지역을 120개로 나눴는데 아하수에로 왕은 자기가 통치하던 지역을 127개로 나눴습니다. 그런데 그가 마음에 들어 하지 않는 나라가 있었는데 그게 바로 그리스였습니다. 나중에 그리스에게 망하기는 하지만 그 나라를 염두에 두고 아하수에로 왕은 자신의 힘을 대내외에 과시하기 위해 180일 동안 잔치를 크게 엽니다. 그리고 왕후를 통해서도 잔치를 열게 하고 각 지역에 있는 사람들을 초청해서 자기 힘을 과시하게 됩니다. 그러고 나서 그는 자기 신하들 앞에서 왕후 와스디(Vashti)의 미모를 자랑하기 위하여 그녀에게 연회에 참석하라고 명령합니다. 하지만 왕후는 자존심 때문에 연회장에 나타나지 않습니다.

　진노한 왕은 신하들에게 의견을 물은 뒤에 왕후를 폐위하고 후임 간택을 명합니다. 후임 간택을 할 때는 후보들을 데려다가 여러 가지 훈련을 시키는데, 그 중에는 화장이나 장신구로 아름답게 꾸미는 것은 물론이고 왕후가 되기 전에 왕과 함께 하룻밤을 보내는 비윤리적인 행위도 포함되어 있었습니다. 에스더도 그런 과정을 거치게 되고 결국 왕후로 간택되게 됩니다.

　에스더는 부모를 여읜 뒤 사촌 모르드개 밑에서 자랐는데, 모르드개는 베냐민 자손으로 기스의 증손이었습니다. 그는 페르시아로 잡혀와 수도 수산에서 에스더를 양육하며 살고 있었습니다. 그는 에스더에게 유대인의 신분을 드러내지 말도록 명하였고 에스더는 와스디가 폐위된 뒤 페르시아의 왕후가 되었습니다.

그 뒤 모르드개는 왕을 살해하려는 음모를 탐지하여 에스더를 통하여 왕에게 보고하게 했으며 이를 통해 왕은 화를 면했습니다. 하지만 모르드개는 자신의 공에 대해 어떤 상도 받지 못한 채 상황은 종료됩니다. 한편 페르시아 제국에는 옛날 사울 왕에게 진멸되었던 아말렉 왕 아각의 후손인 하만이란 사람이 페르시아에서 중용되어 총리까지 올랐습니다. 천하제일의 제국 페르시아의 총리가 된 하만의 위상은 하늘을 찔렀습니다. 그는 힘이 막강하여 아하수에로 왕 외엔 감히 그 앞에 나설 자가 없었습니다.

하지만 그는 유독 모르드개라는 유대인이 그에게 공손하지 않은 것을 알게 되었습니다. 화가 난 하만은 유대인을 학살할 계획을 세우고 왕의 재가를 받습니다. 그는 주사위의 일종인 '푸르'(한글 성경에는 '부르'라고 번역되었음)를 던져 유대인을 학살할 날짜를 정합니다.

이 사실을 알게 된 모르드개는 사태의 심각성을 깨닫고 즉각 에스더에게 왕 앞에 나가 이 문제를 해결하라고 지시합니다. 왕만이 그 문제를 해결할 수 있었기 때문입니다. 그러나 그 일은 페르시아의 궁중법에 따르면 왕의 부름 없이 어전에 나가는 사람은 사형을 당하는 중죄였습니다. 그렇기 때문에 왕후가 왕에게 나아갔을 때 왕이 그래도 괜찮다는 증표를 주면 살 수 있습니다. 하지만 왕이 부르지 않았는데 왕후가 나아갔을 때 왕이 그 증표를 주지 않으면 그 왕후는 죽게 됩니다. 그 정도로 법이 엄했습니다. 이런 상황에서 에스더는 '죽으면 죽으리라'는 비장한 결심을 하고 왕에게 나갑니다.

하지만 왕은 의외로 에스더를 기쁨으로 맞이합니다. 용기를 얻은 에스더는 왕과 총리 하만을 연회에 초청합니다. 왕과 왕후의 초대를 받아

연회를 마친 하만은 대궐문을 나섭니다.

천하에 무서운 것이 없던 하만은 마침 대궐 문을 지키던 모르드개를 만났는데, 모르드개는 하만에게 일어나지도 않고 인사도 하지 않았습니다. 하만은 화가 머리끝까지 치밀어 올랐습니다. 그래서 그는 신하들을 시켜 장대를 50자 가량 높이 세우도록 명령했습니다. 왕의 재가를 받아 모르드개를 장대에 매달아 죽일 계획을 세운 것입니다.

그런데 그날 밤 왕은 이상하게 잠이 오지 않았습니다. 잠을 이룰 수 없자 왕은 신하를 시켜 궁중 일기를 가져오라 하여 소리를 내어 읽도록 명령했습니다. 그러던 중에 마침 모반 사건이 언급되자 왕은 결정적인 공을 세운 모르드개에게 아무런 포상을 하지 못했던 사실을 깨닫게 되었습니다. 그래서 왕은 하만을 불러 특별대우를 해주고 싶은 사람이 있는데 어떻게 하면 좋을지 포상 방법에 대하여 물었습니다. 하만은 자신에게 포상하려는 줄 착각하고는 신하 중 가장 높은 사람을 시켜 포상 받는 사람에게 왕의 옷을 입히고 왕의 말을 태워 시가행진을 시키는 것이 좋겠다고 제안합니다.

그러자 왕은 하만이 말한 그대로 모르드개에게 포상하라고 명령합니다. 신하 중에서 가장 높았던 하만은 할 수 없이 모르드개에게 왕의 옷을 입히고 왕의 말을 타게 한 뒤에 "왕이 모르드개를 이렇게 대우하신다."라고 외치며 시가행진을 합니다.

한편 에스더는 다음날 왕과 하만을 다시 초대합니다. 기분이 흡족해진 왕은 왕후에게 소원을 물었고 에스더는 자기 민족을 구해줄 것을 간청하며 하만의 유대인 학살 계획의 진상을 밝힙니다. 화가 난 왕이 자리를 박차고 잠시 밖으로 나간 사이 하만은 에스더를 붙들고 살려달라고 간청했습니다.

그때 마침 다시 에스더의 처소에 들어온 왕은 하만이 왕후를 붙잡고 있는 모습을 보고 그가 에스더를 겁탈하려는 것으로 오인해 하만을 장대에 매달아 처형합니다. 그 장대는 하만이 모르드개를 죽이려고 세워 놓았던 바로 그 장대였습니다.

이렇게 총리 하만은 비참한 최후를 맞이하고 모르드개는 후임 총리가 되어 유대인을 학살 일보 직전에서 구출합니다. 그러고 나서 그는 유대인을 죽였던 사람들을 도륙하고 그 일에 가담했던 많은 사람들을 죽이게 됩니다. 이스라엘 사람들은 이것을 기념하여 그날을 부림일로 지키게 됩니다. 그리고 마지막은 모르드개가 그 나라 사람들에게 상당히 존경을 받았다는 것으로 끝납니다.

이 내용을 정리하면 1~2장은 사건의 발단이며, 3장~9장 19절까지는 전개와 분규, 절정, 결말로 나누어집니다. 그리고 9장 20절~32절까지는 부록으로 부림절에 대한 설명입니다. 10장은 모르드개가 사람들의 존경을 받았다는 말로 끝을 맺습니다.

에스더의 특징
역사를 초월하는 보편적 인간성

이 정도의 사건이 담긴 책이라면 이스라엘 사람들에게 인기가 없을 리 없습니다. 말하자면 이 책은 그들이 국가적·민족적 위기로부터 구출된 내용을 담고 있습니다. 민족이 사라질 절체절명의 위기를 넘기고 살아난 우리 민족이 매년 8월 15일을 광복절로 기념하는 것과 같습니다. 그래서 그들은 에스더서를 모세오경과 함께 매우 소중하게 여깁니다.

하지만 에스더서는 유대인의 민족적 색체가 너무 강하기 때문에 그리스도인들에게는 별로 인기가 없고 그다지 커다란 감동을 주지 못하는 것 같습니다. 게다가 65권의 신구약 성경과 비교해볼 때 구성이나 내용이 매우 이질적입니다. 그러한 부분을 구체적으로 살펴보면 다음과 같습니다.

첫째, 하나님에 대한 언급이 없습니다. 에스더서에는 하나님이라는 단어가 한 번도 나오지 않으며 다른 책들과는 달리 하나님이 말씀하시는 부분도 나오지 않습니다. 하지만 페르시아 왕의 이름은 190회나 반복됩니다.

둘째, 종교적인 요소가 적어 보입니다. 다시 말해 율법에 대한 언급이 없을 뿐만 아니라 여주인공인 에스더는 자신의 신분을 속이고 이방 나라 왕과 결혼까지 합니다.

셋째, 등장인물의 윤리적 모호성입니다. 에스더는 이방 나라 왕과 결혼했는데 그는 이혼한 사람이었습니다. 또한 그와 결혼하기 위해 성관계를 맺는 점은 도덕적으로 납득이 가지 않습니다. 모르드개의 행동도 도덕적으로 문제가 있습니다. 상급자에게 절하는 것은 당시는 물론이고 지금도 너무나 당연한 예절로 받아들여지고 있습니다. 어찌 보면 왕후 와스디가 더 윤리적으로 돋보이기도 합니다. 그는 왕이 왕후의 미모를 자랑하기 위해 면류관만 쓰고 나오라는 말에 동의하지 않는 것으로 자존심을 지키는 듯합니다.

또한 모르드개는 총리가 된 뒤에 유대인을 죽음으로 몰아넣었던 많은 사람들을 죽입니다. 하지만 이런 사건은 유대인에게는 신나는 일이겠지만 다른 민족들의 입장에서 볼 때는 꼭 그렇게 대량학살을 자행할 필요가 있었는지 반문하게 됩니다.

이런 이유로 종교 개혁자 루터나 칼빈 같은 사람들은 에스더서에 대해 좋은 평을 하지 않았습니다. 루터는 이 책이 없었으면 좋았을 것이라고 했고 칼빈은 한 번도 에스더서를 본문으로 정해 설교한 적이 없다고 합니다.

하지만 에스더서가 인정받지 못했던 이유가 에스더서의 특징입니다. 그 특징을 조금 더 부언하자면 다음과 같습니다.

첫째, 에스더라는 여자를 주인공으로 하고 있으며 같은 여자가 주인공인 룻기와 비교됩니다.

둘째, 상황이 역전되는 특징이 있습니다. 유대인 모르드개는 처음에는 낮은 신분이었으나 나중에는 대제국의 총리라는 높은 신분의 소유자가 됩니다. 이에 비해 모르드개와 유대인을 멸망시키려 했던 하만은 모르드개를 매달려고 준비했던 교수대에서 죽음을 맞이합니다.

셋째, 심각한 위기를 다루면서도 풍자와 유머를 많이 보여준다는 점입니다. 와스디 왕후가 나오는 장면에서 아하수에로 왕은 바보가 됩니다. 거대한 제국을 다스리는 왕이 자기 아내 하나를 다스리지 못한다는 점이나, 자신의 영광을 드러내기 위해 멋진 각본을 만든 하만은 오히려 모르드개의 영광을 드러내는 도구로 전락하는 데서 풍자의 효과는 극대화됩니다.

에스더서의 메시지와 적용
인생 연출가 하나님과의 행복한 공연

하지만 이러한 풍자적 웃음은 단순히 극적 장치로만 기능하지 않고 에스더서를 더욱 에스더서답게 하는 중요한 역할을 합니다. 다시 말해 에스더서에서 뛰어노는 풍자적 웃음은 메시지의 중요한 일부분입니다.

첫째, 에스더서는 억압 받는 하나님의 백성이 사물을 새로운 빛으로 보고 하늘의 웃음에 참여하게 합니다. 결국 에스더서는 하나님의 백성이 어떻게 적의 공격에서 벗어나 평안을 얻었으며 슬픔이 변하여 기쁨이 되었는지의 과정을 잘 보여줍니다.

둘째, 하나님은 특별한 장소에 가거나 특이한 계기를 통해서만 역사하시지 않고, 일상생활을 하는 가운데도 역사하신다는 사실을 보여주는 구원의 이야기입니다.

셋째, 에스더서에는 하나님이라는 말이 나오지 않지만 그 내용 속에는 역사를 주관하시는 하나님으로 가득 차 있습니다.

그렇다면 우리는 에스더서의 메시지를 통해 우리 삶에 어떻게 적용할 수 있습니까?

첫째, 우리는 에스더서의 유대인처럼 이방인들이 권력을 휘두르는 세상에서 살고 있습니다. 이 세상은 하나님의 백성들인 우리가 평안하게 살 수 있을 만큼 좋은 환경을 갖추고 있지 않다는 말입니다. 우리는 항상 이방인들의 틈바구니 속에서 그들의 가치관대로 살 것을 강요받으며 살고 있습니다. 에스더서는 그런 세상에서 살아가고 있는 하나님의 백성들이 그 상황을 어떻게 극복하고 창조적인 삶을 살아갈 수 있을 것인가를 보여줍니다.

둘째, 에스더서에 하나님이라는 단어가 언급되지 않는다는 사실은 현대를 살아가는 그리스도인들의 일상과 매우 비슷합니다. 우리는 매주 한두 번 교회에 나올 때는 하나님을 부르지만 직장이나 학교에서 생활할 때는 하나님의 이름을 잘 드러내지 않습니다. 주일을 제외하고 우리는 거의 대부분의 시간 동안 하나님의 이름을 잊고 살아갑니다. 하지만 하나님은 자녀들의 일상에 늘 동행하시며 함께하신다는 사실은 우리에게 큰 위로가 됩니다.

셋째, 에스더서의 유머러스한 성격 역시 오늘날 우리에게 커다란 시사적인 메시지를 던져줍니다. 에스더서가 우리의 이야기라면 우리는 모두 에스더서에 담긴 웃음과 하만의 우스꽝스러운 몰락에 즐겁게 동참해야 한다는 말입니다. 하지만 이 말은 세상 사람들에 대해 악인이라고 비판하라는 얘기가 아니라 악에 대해 민감하게 반응해야 한다는 말입니다. 다시 말해 악한 것이 망하고 쓰러지는 것에 대해 풍자적 웃음을 보이듯이 그것에 대해 웃을 수 있는 사람이 되어야 한다는 사실을 보여줍니다.

넷째, 에스더와 모르드개의 승리는 그리스도 안에서 하나님의 궁극적인 승리를 얘기하고 있습니다. 그렇다면 에스더서는 비종교적 언어로 기록된 심오한 종교적 스토리라고 할 수 있습니다. 하나님의 이름이 언급되지 않지만 그 내용은 하나님으로 가득 차 있습니다. 다시 말해 하나님의 이름이 언급되지 않는 것은 의도적인 것이며, 숨겨진 하나님이 전 세계에 흩어져 살고 있는 숨겨진 자신의 백성을 지켜 보호하신다는 사실을 드러내기 위한 문학적 장치로 볼 수 있습니다.

이렇게 볼 때 에스더서는 보이지 않지만 늘 함께 계시는 하나님이 우리의 일상 속에 깊숙하게 개입하셔서 역사하신다는 사실을 깨닫게 해줍니다. 겉으로는 하나님을 따르지 않는 사람들이 득세하고 권세를 누리는 것처럼 보이지만 그것은 하나님의 권세 앞에 너무나 초라하게 무너질 수밖에 없다는 사실도 확인하게 됩니다. 비록 하나님이라는 단어가 구체적으로 드러나지 않는다 하더라도 우리는 에스더서의 등장인물들의 삶을 통해 일하시는 하나님, 역사의 한 모퉁이에서 당신의 뜻을 성취해 가시는 하나님의 살아 있는 숨결을 느낄 수 있습니다. 이것이 바로 에스더서를 통해 일하신 하나님의 위력입니다.

1부
세상이 꿈꾸는 그들만의 세상

1장 **우리가 사는 세상**
다른 시대, 동일한 인간성 | 힘 있는 사람들의 진실 | 나약함과 열등감 | 자존심 | 아부 | 합리화 | 숨겨진 교훈

2장 **세상으로 나아가자**
세상을 바라보는 두 가지 시선 | 세상에 대한 두 가지 개념 | 세상 사람들의 일상 1 | 세상 사람들의 일상 2 | 하나님의 백성으로 살아간다는 것 | 하나님과 함께 세상 속으로

1장

우리가 사는 세상

이 일은 아하수에로 왕 때에 있었던 일이니 아하수에로는 인도로부터 구스까지 백이십칠 지방을 다스리는 왕이라 당시에 아하수에로 왕이 수산 궁에서 즉위하고 왕위에 있은 지 제삼년에 그의 모든 지방관과 신하들을 위하여 잔치를 베푸니 바사와 메대의 장수와 각 지방의 귀족과 지방관들이 다 왕 앞에 있는지라 왕이 여러 날 곧 백팔십 일 동안에 그의 영화로운 나라의 부함과 위엄의 혁혁함을 나타내니라 이 날이 지나매 왕이 또 도성 수산에 있는 귀천간의 백성을 위하여 왕궁 후원 뜰에서 칠 일 동안 잔치를 베풀새 백색, 녹색, 청색 휘장을 자색 가는 베 줄로 대리석 기둥 은고리에 매고 금과 은으로 만든 걸상을 화반석, 백석, 운모석, 흑석을 깐 땅에 진설하고 금 잔으로 마시게 하니 잔의 모양이 각기 다르고 왕이 풍부하였으므로 어주가 한이 없으며 마시는 것도 법도가 있어 사람으로 억지로 하지 않게 하니 이는 왕이 모든 궁내 관리에게 명령하여 각 사람이 마음대로 하게 함이더라 왕후 와스디도 아하수에로 왕궁에서 여인들을 위하여 잔치를 베푸니라 제칠일에 왕이 주흥이 일어나서 어전 내시 므후만과 비스다와 하르보나와 빅다와 아박다와 세달과 가르가스 일곱 사람을 명령하여 왕후 와스디를 청하여 왕후의 관을 정제하고 왕 앞으로 나아오게 하여 그의 아리따움을 뭇 백성과 지방관들에게 보이게 하라 하니 이는 왕후의 용모가 보기에 좋음이라 그러나 왕후 와스디는 내시가 전하는 왕명을 따르기를 싫어하니 왕이 진노하여 마음속이 불붙는 듯하더라 왕이 사례를 아는 현자들에게 묻되 (왕이 규례와 법률을 아는 자에게 묻는 전례가 있는데 그때에 왕에게 가까이 하여 왕의 기색을 살피며 나라 첫자리에 앉은 자는 바사와 메대의 일곱 지방관 곧 가르스나와 세달과 아드마다와 다시스와 메레스와 마르스나와 므무간이라) 왕후 와스디가 내시가 전하는 아하수에로 왕의 명령을 따르지 아니하니 규례대로 하면 어떻게 처치할까 므무간이 왕과 지방관 앞에서 대답하여 이르되 왕후 와스디가 왕에게만 잘못했을 뿐 아니라 아하수에로 왕의 각 지방의 관리들과 뭇 백성에게도 잘못하였나이다 아하수에로 왕이 명령하여 왕후 와스디를 청하여도 오지 아니하였다 하는 왕후의 행위의 소문이 모든 여인들에게 전파되면 그들도 그들의 남편을 멸시할 것인즉 오늘이라도 바사와 메대의 귀부인들이 왕후의 행위를 듣고 왕의 모든 지방관들에게 그렇게 말하리니 멸시와 분노가 많이 일어나리이다 왕이 만일 좋게 여기실진대 와스디가 다시는 왕 앞에 오지 못하게 하는 조서를 내리되 바사와 메대의 법률에 기록하여 변개함이 없게 하고 그 왕후의 자리를 그보다 나은 사람에게 주소서 왕의 조서가 이 광대한 전국에 반포되면 귀천을 막론하고 모든 여인들이 그들의 남편을 존경하리이다 하니라 왕과 지방관들이 그 말을 옳게 여긴지라 왕이 므무간의 말대로 행하여 각 지방 각 백성의 문자와 언어로 모든 지방에 조서를 내려 이르기를 남편이 자기의 집을 주관하게 하고 자기 민족의 언어로 말하게 하라 하였더라(에 1:1~22).

다른 시대, 동일한 인간성
21세기 페르시아 제국에서 살아가기

그리스도인들에게 가장 아름답고 고귀한 행동은 하나님께 예배드리는 모습입니다. 예배는 하나님이 우리에게 부여하신 큰 특권 가운데 하나입니다. 죄인인 인간이, 피조물인 인간이 창조주 하나님의 이름을 부르고 그분을 아버지로 부를 수 있다는 것은 인간이 누릴 수 있는 가장 큰 행복입니다. 그래서 그리스도인들이 예수님을 바로 믿고 있느냐를 검증하는 중요한 지표는 내가, 또는 교회가 예배에 대해 어느 정도의 관심을 가지고 있느냐에 달렸다 해도 과언이 아닙니다. 특별히 예배 중에서도 계시된 하나님의 말씀을 들을 수 있다는 것은 매우 중요한 일입니다.

사람들이 말씀을 보거나 들을 때 대개 자신과 관련이 있을 때 관심을 갖게 됩니다. 에스더서가 재미있다고 느끼는 사람들은 자신에게 필요한 말씀으로 다가왔기 때문일 것이고, 재미없다고 느낀 사람들은 그 말씀이 오늘 자신에게 하는 말씀으로 다가오지 않았기 때문입니다. 에스더서가 재미있느냐 없느냐는 본문 첫 시작이 어떤 느낌으로 다가오느냐에 달려 있기 때문에, 첫 부분을 어떻게 만나느냐가 매우 중요합니다.

1절에는 "이 일은 아하수에로 왕 때에 있었던 일이니"라고 기록되어 있습니다. 이 일은 지금으로부터 약 2,500년 전 페르시아를 지배했던 아하수에로 왕 때에 일어난 일입니다. 그런데 이 이야기가 얼마나 재미있게 다가오느냐 하는 것은 말씀을 접하는 사람들이 그것을 2,500년 전의 이야기로만 받아들이느냐, 아니면 자신에게도 동일하게 유효한 말씀으로 받아들이느냐의 여부에 달려 있습니다. 이 이야기를 단지 먼 옛날의 다른 나라에서 일어난 전설 같은 이야기로만 받아들인다면 자신에게 특별한 감동을 주기 힘들 것입니다.

우리가 함께 묵상한 본문은 보통 사람들에게 흔히 일어날 수 있는 일이 아니라 특별한 사람들이 생활하는 왕궁에서 일어난 이야기입니다. 또한 우리나라의 이야기도 아니고 지금의 이란 지역을 지배하고 있던 페르시아 제국에서 일어난 일입니다. 당시 그 나라는 바빌로니아를 멸망시키고 인도로부터 에티오피아까지 통치하는 강대국이었으며, 제국의 통치자였던 아하수에로 왕은 전 지역을 127개 지방으로 나누어서 통치하고 있었습니다. 이런 시간적·문화적·민족적·계급적 차이 때문에 우리에게 직접적으로 와 닿지 않을 수 있습니다.

하지만 이 이야기가 오래전에 일어났던 사건이기는 하지만, 그 전체적인 흐름과 의미를 이해하고 그것을 자신의 상황에 적용하는 사람은 충분한 재미를 만끽하게 될 것입니다. 성경에 포함된 이야기에 흥미를 갖고 깊이 몰입하게 되는 순간은, 그 이야기가 바로 자신의 삶과 겹쳐지는 순간입니다. 그 순간이야말로 이야기 속의 인물들이 걸어 나와 우리의 삶 속에서 살아 움직이게 되는 것입니다.

그러면 약 2,500년 전의 이야기 속으로 들어가 하나님의 인도를 몸으로 체득하려면 어떻게 해야 할까요? 우선 하나님이 말씀을 통해서 자신에게 하시는 말씀을 발견할 수 있어야 합니다. 그렇지 않으면 성경에서 아무런 재미도 느끼지 못할 뿐만 아니라 귀한 성경이 단지 종교서적 정도로 전락해 버리고 맙니다. 다시 말해 그 말씀이 우리에게 전하는 구체적인 메시지를 찾아야 한다는 것입니다.

이런 원리는 에스더서에만 해당되는 것이 아니라 모든 성경에 공통적으로 적용됩니다. 말씀이 자신에게 살아 역사하도록 하려면 그 말씀이 바로 지금 자신에게 말씀하시도록 스스로를 내어주어야 한다는 말입니다. 이렇게 하려면 우선 그 말씀의 의도를 찾아야 합니다. 그렇게 하지 않고 당시의 문화와 사건의 상황만을 숙지한다면 그것은 단순히 역사 공부에 불과합니다. 사건이 일어난 배경을 고려하되 그것이 자신의 삶과 어떻게 겹쳐지는지 꿰뚫어볼 수 있어야 합니다.

인간의 문화와 역사는 시대마다 변하지만 인간 본성은 변하지 않습니다. 옛날 사람이나 현대를 살아가는 사람이나 그 속성은 동일합니다. 옛날 사람들이 거짓말하는 것이나 현대인들이 거짓말하는 것이나, 옛날 사람들이 욕심을 내는 것이나 현대인들이 욕심을 내는 것이나 같습니다. 그런 점에서 인간의 속성은 예나 지금이나 동일합니다.

그러므로 에스더서를 다른 사람의 이야기로 이해하지 말고 오늘 우리에게 주시는 말씀으로 이해해야 합니다. 이런 점을 염두에 두고 에스더서를 이해할 때 에스더서의 말씀은 우리에게 살아 있는 말씀으로 다가올 것입니다.

힘 있는 사람들의 진실
우리의 기도가 필요한 권력자들

본문에 등장하는 인물들은 한결같이 힘 있는 사람들입니다. 학자들에 따르면 아하수에로 왕은 인도로부터 북아프리카에 위치한 에티오피아까지 통치하는 대제국의 왕입니다. 현재의 지도로 살펴보면 그는 터키,

이란, 이라크, 파키스탄, 인도의 일부, 요르단, 레바논, 이스라엘의 수단 지역, 에티오피아, 리비아, 아라비아 지역에 이르는 거대한 땅을 통치하고 있었습니다.

그가 왕이 된 지 3년에 잔치를 베풀었는데 180일 동안 베풀었고, 그 잔치가 끝나고 나서 다시 7일 동안 잔치를 열었으며 그의 아내인 왕후 와스디도 7일 동안 잔치를 베풀었습니다. 여기에 나오는 지방관들이며 내시들 모두 권력을 쥐고 있는 힘 있는 사람들입니다. 그러니까 에스더서 1장에 등장하는 사람들은 모두 힘과 권세를 가진 사람들이라고 볼 수 있습니다.

이들이 거대한 제국 페르시아를 운영하고 있으며 국가의 운명은 이들의 손에 달려 있었습니다. 그들은 큰 책임을 맡은 사람들로서 막강한 힘을 갖고 있었습니다.

그런데 예나 지금이나 이런 힘을 가진 사람들이 반드시 하나님을 믿는 것은 아닙니다. 본문에 나오는 사람들처럼 전혀 하나님을 믿지 않을 수도 있습니다. 그러니까 이들은 하나님의 뜻과 맞지 않게 정치할 여지가 얼마든지 있습니다. 그런 여지가 많으면 하나님의 백성들은 힘든 삶을 살아가게 되지만, 권세를 잡은 사람들이 하나님을 믿지 않는다 하더라도 인간에 대한 보편적인 사랑과 윤리적 기준을 가지고 그 여지를 줄인다면 그 피해는 덜할 것입니다.

그러므로 하나님의 백성들은 이들을 위해 기도해야 합니다. 이들은 마치 버스 기사와 같습니다. 그가 운전을 잘못 하면 그 안에 탄 사람들은 모두 피해를 입습니다. 우리가 다른 사람들을 위해 기도해야 하는 것은 바로 그런 이유 때문입니다.

권세를 잡은 사람들이 하나님을 믿지 않는다고 해서 그들을 위해 기도하지 않고 모른 척해서는 안 됩니다. 기도하면 우리에게 그만큼 유익합니다. 국가가 잘되면 나에게 유익하며 영적 피해가 덜합니다. 다른 교회가 잘되면 그것이 하나님의 나라 전체적으로 볼 때 유익하기 때문에 그들을 위해 기도해야 합니다.

이것을 역으로 생각하면 우리는 남에게 유익이 되는 사람이 되어야 합니다. 그들이 나를 위해 기도하면 우리나라에 유익이 되고 하나님의 나라에도 유익이 된다는 생각을 갖도록 해야 합니다. 우리가 몸담고 있는 교회를 생각해 봅시다. 우리 교회의 영적·물질적 상황이 좋아지면 다른 교회에 유익이 된다고 생각해 보십시오. 그러면 기도할 것입니다.

또한 우리는 다른 사람들을 위해 기도해야 하고 다른 사람들이 우리를 위해 기도할 수 있도록 해야 합니다.

나약함과 열등감
권력과 부의 이면에 자리한 가치들

본문에 나오는 사람들도 모두 궁중에 있는 힘 있는 사람들입니다. 특히 아하수에로 왕은 대제국의 최고 권력자로서 무시무시한 권세를 마음껏 휘두를 수 있는 위치에 있었습니다. 그가 베푼 잔치를 비롯해서 본문에는 잔치를 베푸는 장면이 상당히 많이 나옵니다. 하지만 그 잔치에 얽혀 있는 사연들은 각각 다릅니다.

본문에 나타나는 잔치들은 힘을 상징합니다. 사람들은 잔치를 통해 자신이 힘이 있다는 것을 과시합니다. 그들이 그런 식으로 자신의 힘을 과시하는 이유는 그럴 필요를 느끼고 있기 때문입니다.

당시 아하수에로 왕에게 가장 가시와 같은 존재는 그리스였습니다. 그의 아버지 다리오 1세는 그리스에게 크게 패한 적이 있었습니다. 그러나 나중에 아하수에로 왕도 그리스에게 패하고 맙니다. 그는 그리스가 항상 마음에 걸린 듯합니다. 그리고 그가 베푼 잔치는 이런 그리스에게 무언가를 보이기 위한 전략이었던 것 같습니다. 다시 말해 화려하고 웅장한 규모의 잔치에는 "우리는 이만큼의 힘이 있다. 우리 앞에서 함부로 까불지 말라."는 왕의 의도가 깔려 있습니다.

이렇게 볼 때 그가 베푼 잔치들은 자신의 약함을 위장하는 행동이라고 볼 수 있습니다. 3절을 보면 그가 왕위에 있은 지 3년에 그의 모든 지방관과 신하들을 위하여 잔치를 베풀었다고 합니다. 그는 3년 동안 크고 작은 도전을 받고 살았으며, 긴장의 세월을 보냈고 항상 다른 강력한 세력에 접해 있었습니다. 그러므로 그는 그 힘을 용납하지 않는다는 의미로 잔치를 베푼 것이고 이런 이유로 그의 잔치와 치장은 화려하고 요란할 수밖에 없었습니다. 6, 7절의 분위기를 보면 이러한 잔치의 규모와 화려함을 조금은 짐작할 수 있습니다.

"백색, 녹색, 청색 휘장을 자색 가는 베 줄로 대리석 기둥 은고리에 매고 금과 은으로 만든 걸상을 화반석, 백석, 운모석, 흑석을 깐 땅에 진설하고 금 잔으로 마시게 하니 잔의 모양이 각기 다르고 왕이 풍부하였으므로 어주가 한이 없으며"(에 1:6~7).

뿐만 아니라 11절을 살펴보면 잔치의 마지막 날 왕은 자기 아내인 와스디를 데려오라고 합니다.

"왕후 와스디를 청하여 왕후의 관을 정제하고 왕 앞으로 나아오게 하여 그의 아리따움을 뭇 백성과 지방관들에게 보이게 하라 하니 이는 왕후의 용모가 보기에 좋음이라"(에 1:11).

그는 많은 사람들 앞에 자신의 힘과 더불어 자신과 함께하는 사람의 미모를 자랑하려고 했습니다. 결국 이런 행동은 부함과 위엄 뒷면에 인간의 나약함과 열등의식이 자리 잡고 있다는 사실을 보여줍니다.

아하수에로 왕은 그리스를 항상 의식하고 있기 때문에 자기가 마음대로 휘두를 수 있는 사람들에게서 자신의 힘을 과시함으로써 그리스에 대한 상대적 열등감을 극복하려고 합니다. 다시 말해 자기 속에 감추어진 나약한 측면이 다른 방식으로 표출되는 것입니다.

우리가 사는 세상이 그렇습니다. 자신의 열등의식을 엉뚱한 방식으로 과시하는 모습이 이 세상을 지배합니다. 약한 모습을 보이면 당한다는 위기의식이 많은 사람들에게 있습니다. 그것은 그리스도인들이든 아니든 마찬가지입니다.

이 세상은 아하수에로 왕이 등장하는 잔치 무대와도 같습니다. 왕이라고 강한 것은 아니며 그 위치에 있어서 강한 것처럼 보이지만 그도 약한 인간일 뿐입니다. 그런데 이 약한 인간들이 약함을 그대로 노출시키면 될 텐데 대부분 그렇게 하지 않습니다. 약한 모습을 보이면 당한다는 위기의식 때문에 자신의 열등의식을 다른 방법으로 과시하거나, 자신의 약함을 다른 것으로 위장하려고 가면을 쓰는 일이 비일비재합니다.

이것이 바로 우리가 살아가는 세상입니다. 이 세상은 바로 이와 같은 위선과 자기 방어에 익숙한 사람들이 힘을 겨루고 있으며, 그 틈바구니 속에서 우리가 살아가고 있는 것입니다.

자존심
세상 사람들이 추구하는 모든 것

아하수에로 왕은 자기의 자존심을 내세우기 위해 성대한 잔치를 베풉니다. 그는 127개 지방을 지배하는 절대 권력자로서 "나는 누구에게도 지지 않는다. 나는 원하면 무엇이든지 할 수 있는 힘이 있다. 누가 나에게 도전하겠느냐?" 하고 으스대고 있습니다. 뿐만 아니라 그는 세상에서 가장 아름다운 여인을 아내로 둔 것을 자랑하고 있습니다. 그래서 잔치 마지막 날 자신의 위세를 극대화하기 위해 아름다운 아내 와스디를 오라고 합니다.

11절에서 아하수에로 왕이 와스디 왕후에게 특별히 관을 정제하고 나아오게 했다는 것은 관만 쓰고 오라는 의미로 해석할 수 있습니다. 본문에 나오는 "보이게 하라"는 말은 단순히 잔치에 참여하라는 것도 아니고, 와서 함께 잔치를 즐기자는 의미도 아닙니다. 아하수에로 왕은 자신의 아내인 왕후를 사랑하기 때문에 잔치에 참여하라고 한 것이 아니라, 왕후조차 자신의 위치와 권세를 과시하는 대상으로 삼아 잔치에 참석한 사람들에게 장신구처럼 보여주려 한 것입니다.

하지만 이런 자존심은 왕에게만 있었던 것이 아니라 왕후 와스디에게도 있었습니다. 그는 왕만큼의 큰 권력을 가진 사람은 아니지만 그 나름대로 자존심이 있었습니다. 아무리 왕의 명령이라 해도 왕후의 체통에 손상을 입으면서까지 따를 수는 없다고 생각한 것입니다. 이렇게 와스디는 왕후로서 자존심을 지키는 선택을 했지만 이런 그녀의 태도는 왕의 자존심을 크게 상하게 했습니다.

아하수에로는 큰 제국을 다스리는 왕으로 각 지방관들은 그에게 절대 복종하고 있었습니다. 그의 말은 곧 법이고 힘이었습니다. 이런 그에게 아무리 왕후라 해도 여자가 자신의 말을 따르지 않는다는 것은 왕의 권위를 심각하게 손상하는 것이었습니다. 특히 신하들 앞에서 내린 명령이 먹히지 않았기 때문에 왕은 내적으로는 자존심에 큰 상처를 입었을 것이고, 외적으로는 지배력이나 통치력에 손상을 입게 되었습니다.

왕후가 잔치 참여를 거부한 것은 사람의 생명과 관련된 일이 아닌 만큼 겉으로는 큰 문제가 아닌 것처럼 보입니다. 하지만 당시의 역사적·문화적·정치적 상황을 고려할 때 왕의 명령을 거부했다는 것은 단순한 잔치 참여 거부를 넘어서서 상당한 파장을 불러일으킬 수 있는 문제였습니다.

본문에 등장하는 왕과 왕후는 권위와 서열이 다르지만 각자가 지닌 자존심을 지키려고 했다는 점에 있어서 오늘날을 살아가는 우리와 다를 바가 없습니다. 이처럼 이 세상은 예나 지금이나 매순간 자존심 전쟁이 벌어지고 있습니다.

아부
권력에 대한 인간의 보편적 속성

자존심이 강한 사람들이 고위층에 있을 경우 자존심에 손상을 입게 되면 곧바로 그것을 다시 회복하려는 마음을 갖게 됩니다. 하지만 그 또한 자존심 때문에 명분이 분명해지기까지는 함부로 나서지 않습니다. 그것이 높은 자리에 있는 사람들의 특징입니다. 하지만 따지고 보면 자존심에 집착하고 대우를 받으려는 것은 사실 모든 사람들이 공통적으로 갖고 있는 속성입니다. 그렇기 때문에 자존심을 상하게 한 대상에게 응분의 대가를 치르게 하거나 다시 자존심을 회복하려면 합당한 명분이 있어야 합니다.

1장 12절을 보면 아하수에르 왕은 와스디 왕후가 잔치 참여를 거절해서 몹시 화가 났습니다.

"그러나 왕후 와스디는 내시가 전하는 왕명을 따르기를 싫어하니 왕이 진노하여 마음속이 불붙는 듯하더라."

이때 왕의 참모들은 어떤 태도를 취했습니까? 14절에는 이렇게 나와 있습니다.

"그때에 왕에게 가까이 하여 왕의 기색을 살피며."

그들이 사는 길은 왕의 비위를 잘 맞추는 것인데 이것은 곧 아부로 이

어집니다. 아하수에로 왕처럼 절대 권력자가 막강한 힘을 휘두르는 상황에서 그의 비위를 맞출수록 이득이 점점 더 많아진다면 자연스럽게 아부하게 됩니다. 그것은 신하들이 특별히 아부를 잘하거나 그런 사람들만 모여서 그런 것이 아니라 인간이라면 누구나 권력자에게 기대어 힘과 권세를 누리고 싶어 하기 때문입니다.

상대방의 생각을 미리 읽어 그것이 가능하고 정당하도록 선수를 치는 이런 아부는 오늘날에도 여전히 많은 사람들에게 애용되고 있습니다. 많은 사람들은 아부가 성공의 지름길이며 아부를 잘해야 출세한다고 생각합니다. 그것은 인간의 가장 내밀한 속성이 권력욕과 물욕, 그리고 두려움이라는 사실을 알고 있기 때문입니다.

합리화
명분을 위한 명분 만들기

왕이 왕후 와스디가 잘못한 것을 어떻게 처리할지 신하들에게 물었을 때, 1장 16절을 보면 므무간이라는 사람이 이렇게 이야기합니다.

> "므무간이 왕과 지방관 앞에서 대답하여 이르되 왕후 와스디가 왕에게만 잘못했을 뿐 아니라 아하수에로 왕의 각 지방의 관리들과 뭇 백성에게도 잘못하였나이다."

그는 와스디가 한 일은 왕에게만이 아니라 각 지방과 관리들과 뭇 백성에게도 잘못한 것이라고 말입니다. 다시 말해 다분히 개인적인 일로 마무리해야 할 왕과 왕후의 잔치 참여 사건을 전 국민적 사건으로 확대해서 적용해 버립니다.

본문의 흐름으로 볼 때 왕은 이미 와스디를 폐위시킬 작정을 하고 있는 듯합니다. 12절에서 왕이 진노하여 마음속이 불붙는 듯했다든지, 13절에서 왕이 법에 밝은 전문가들과 의논했다든지, 15절에서 왕의 명령을 따르지 않는 자를 규례대로 어떻게 처리해야 하는지를 묻고 있는 것을 보면 그는 분명 와스디를 내쫓을 명분을 찾고 있었습니다. 왕이 명분을 찾고 있을 때 신하 므무간은 그 마음을 읽었고 그럴 듯한 명분을 만들어준 것입니다.

그렇다면 그 명분은 무엇이었습니까? 왕후 와스디의 행동은 전국의 모든 여인이 남편을 무시하게 되는 계기가 되며 이런 점에서 왕후를 내쫓아야 한다는 것입니다.

이런 난센스가 어디 있습니까? 궁중에서 일어난 왕후의 잔치 참여 거부로 127개 지역에 사는 모든 여자가 남자를 무시하게 될 것이라고 므무간은 과장해서 얘기합니다. 이처럼 명분을 만들려고 작정하면 얼마든지 만들 수 있는 게 이 세상의 구조입니다. 그것으로 힘을 얻고 권력을 휘두를 수 있는 것이 이 세상입니다.

그런데 므무간이 만들어준 이런 명분에 대해 왕은 어떻게 반응합니까? 1장 21절에는 이렇게 나와 있습니다.

"왕과 지방관들이 그 말을 옳게 여긴지라 왕이 므무간의 말대로 행하여."

그래서 왕은 각 지역의 말로 조서를 내려 남편이 자기 집을 주관하게 하라고 말할 뿐만 아니라 언어가 다른 부부가 만난 경우는 남편의 말을 사용하라고 명령합니다. 결국 와스디 한 사람을 내쫓으려고 만든 어설픈 명분으로 인해 그 나라에 사는 모든 여인들이 피해를 입는 난센스가 벌어지고 말았습니다.

이것이 정말 아하수에로 왕의 승리입니까? 큰 제국의 왕이 자기 부인을 쫓아내기 위해서 모든 여인들을 억압하는 것이 과연 그가 다스리는 나라를 이롭게 했을까요?

결코 그렇지 않았을 겁니다. 자의적 판단으로 치명적인 선택을 한 왕이나 그의 마음을 맞추기 위해 그릇된 명분을 만든 신하들 같은 졸장부들은 우리가 사는 세상에서도 흔히 찾아볼 수 있습니다. 그리고 그 명분에는 인간의 위선, 권모술수, 아부로 가득합니다. 이것이 우리가 살고 있는 세상이며 현실입니다.

숨겨진 교훈
평범한 주인공을 통해 드라마를 이끌어 가시는 하나님

그러면 궁중에서 일어나 한 사건을 통해 우리는 무엇을 깨달을 수 있을까요? 막강한 권세를 휘두르는 왕과 그 비위를 맞추며 권모술수를 부리는 신하들을 보면서 힘과 권력이 있는 사람들은 다 그렇고 그렇다는 식으로 결론을 내리고 끝낸다면 의미 있는 결론을 이끌어낼 수 없습니다.

우리는 에스더서 본문에 숨겨진 교훈을 찾아야 합니다. 에스더서는 페르시아의 왕 아하수에로의 이야기를 하려는 것이 아닙니다. 본문이 이야기하려는 내용은 페르시아에 살고 있는 이스라엘 사람들이 위기에 처했다가 구출된 것입니다. 이 사건에 등장한 주요 인물들은 에스더, 모르드개, 아하수에로 왕이지만 그들이 각자의 역할을 하도록 연출한 분은 인생과 역사의 주관자이신 하나님입니다. 하나님은 자신을 따르는 사람들뿐만 아니라 그렇지 않은 사람들과 피조세계 전체를 주관하시고 이끄시며 자신의 목적을 이루기 위해 인도하십니다.

하나님의 인도를 받은 사람들이 살아가는 삶의 현장은 아하수에로 왕이 통치하는 페르시아였습니다. 이스라엘 사람들은 이민족이 통치하는 세상에 살고 있었으며 이방 왕의 지배 아래 살고 있었습니다. 하지만 에스더서가 이야기하는 것은 궁중에서 왕이 잔치한 이야기가 아니라 하나님의 백성들이 하나님의 인도를 받아 이민족의 틈바구니에서 어떻게 승리하게 되었는지를 다루고 있습니다.

이 말씀은 우리에게 그리스도인들이 살아가는 이 세상이 어떤 곳인지를 알려줍니다. 이 땅은 힘이 지배하고 그 힘을 유지하기 위해 자존심 싸움이 벌어지는 곳입니다. 또한 권력을 행사할 명분을 찾고 그것으로 자신의 뜻을 관철시키려고 하는 것이 바로 이 세상의 시스템이라는 것입니다.

그런 흐름 속에서 하나님의 사람들은 눈에 잘 띄지 않습니다. 에스더서 1장의 마지막 부분에 에스더와 모르드개에 대한 언급이 없는 것처럼 말입니다. 하지만 1장은 이런 상황 가운데에서 하나님의 사람들이 어떻게 살아가야 하는지를 보여줍니다.

1장에서 모르드개는 궁중 문지기에 불과한 평범한 사람이었습니다.

에스더도 고아에다 사촌오빠와 사는 가련한 여인으로 나옵니다. 언뜻 보기에 이들은 1장에 언급된 권력자들 앞에 서지 못할 것처럼 보입니다. 세상 사람들의 시각으로 보면 분명 그렇습니다. 하지만 영적인 눈으로 1장에 있는 에스더와 모르드개와 하나님의 백성들을 보십시오. 그들은 결코 약자들이 아니며 하나님의 인도에 따라 에스더서의 주인공으로 부각될 것입니다.

에스더서 1장은 마치 우리가 사는 세상에서 가난하고 보잘것없이 보이는 사람들이 사회의 주변에서 있는 듯 없는 듯 살아가는 것과 똑같은 장면을 보여줍니다. 하지만 영적인 사람들에게는 새로운 내일이 있습니다. 그 내일을 아는 사람은 우리가 사는 세상에서 이 세상에 속하지 않고 새로운 세상에서 사는 사람입니다.

에스더서의 주인공은 에스더와 모르드개이며 다른 사람들은 조연에 불과합니다. 권력과 부를 갖고 있는 왕과 신하들이 마치 주인공처럼 보이지만, 그들은 에스더와 모르드개가 겪은 사건을 설명하기 위해 필요한 존재들입니다.

우리가 봐야 할 것은 바로 이것입니다. 이 세상은 우리가 원치 않는 힘과 문제점으로 가득 차 있기 때문에 우리는 이런 세상을 비관적으로 바라봅니다. 하지만 기억해야 할 것은 우리가 살고 있는 이 세상은 결국 우리가 주인공이라는 사실입니다.

이 세상 스토리의 주인공은 하나님의 백성인 우리이며, 스토리를 이끌어 가는 연출자는 하나님이십니다. 이 세상은 우리가 주연으로 공연하는 멋진 무대입니다. 앞부분에 주인공이 등장하지 않는다고 조연이 주연이 될 수는 없습니다. 잠시 동안 그들이 주인공처럼 보일 수 있지만 그들은 점점 무대 뒤편으로 사라질 것입니다. 그것을 볼 줄 아는 사람이 바로 믿음의 사람입니다. 그 믿음의 눈으로 본문을 보고, 우리가 사는 세상을 보고, 하나님의 자녀들을 바라보십시오. 그 숨겨진 교훈이 보일 것입니다.

2장

세상으로 나아가자

그 후에 아하수에로 왕의 노가 그치매 와스디와 그가 행한 일과 그에 대하여 내린 조서를 생각하거늘 왕의 측근 신하들이 아뢰되 왕은 왕을 위하여 아리따운 처녀들을 구하게 하시되 전국 각 지방에 관리를 명령하여 아리따운 처녀를 다 도성 수산으로 모아 후궁으로 들여 궁녀를 주관하는 내시 헤개의 손에 맡겨 그 몸을 정결하게 하는 물품을 주게 하시고 왕의 눈에 아름다운 처녀를 와스디 대신 왕후로 삼으소서 하니 왕이 그 말을 좋게 여겨 그대로 행하니라 도성 수산에 한 유다인이 있으니 이름은 모르드개라 그는 베냐민 자손이니 기스의 증손이요 시므이의 손자요 야일의 아들이라 전에 바벨론 왕 느부갓네살이 예루살렘에서 유다 왕 여고냐와 백성을 사로잡아 갈 때에 모르드개도 함께 사로잡혔더라 그의 삼촌의 딸 하닷사 곧 에스더는 부모가 없으나 용모가 곱고 아리따운 처녀라 그의 부모가 죽은 후에 모르드개가 자기 딸 같이 양육하더라 왕의 조서와 명령이 반포되매 처녀들이 도성 수산에 많이 모여 헤개의 수하에 나아갈 때에 에스더도 왕궁으로 이끌려 가서 궁녀를 주관하는 헤개의 수하에 속하니 헤개가 이 처녀를 좋게 보고 은혜를 베풀어 몸을 정결하게 할 물품과 일용품을 곧 주며 또 왕궁에서 으레 주는 일곱 궁녀를 주고 에스더와 그 궁녀들을 후궁 아름다운 처소로 옮기더라 에스더가 자기의 민족과 종족을 말하지 아니하니 이는 모르드개가 명령하여 말하지 말라 하였음이라 모르드개가 날마다 후궁 뜰 앞으로 왕래하며 에스더의 안부와 어떻게 될지를 알고자 하였더라 처녀마다 차례대로 아하수에로 왕에게 나아가기 전에 여자에 대하여 정한 규례대로 열두 달 동안을 행하되 여섯 달은 몰약 기름을 쓰고 여섯 달은 향품과 여자에게 쓰는 다른 물품을 써서 몸을 정결하게 하는 기한을 마치며 처녀가 왕에게 나아갈 때에는 그가 구하는 것을 다 주어 후궁에서 왕궁으로 가지고 가게 하고 저녁이면 갔다가 아침에는 둘째 후궁으로 돌아와서 비빈을 주관하는 내시 사아스가스의 수하에 속하고 왕이 그를 기뻐하여 그의 이름을 부르지 아니하면 다시 왕에게 나아가지 못하더라 모르드개의 삼촌 아비하일의 딸 곧 모르드개가 자기의 딸 같이 양육하는 에스더가 차례대로 왕에게 나아갈 때에 궁녀를 주관하는 내시 헤개가 정한 것 외에는 다른 것을 구하지 아니하였으나 모든 보는 자에게 사랑을 받더라 아하수에로 왕의 제칠년 시월 곧 데벳월에 에스더가 왕궁에 인도되어 들어가서 왕 앞에 나가니 왕이 모든 여자보다 에스더를 더 사랑하므로 그가 모든 처녀보다 왕 앞에 더 은총을 얻은지라 왕이 그의 머리에 관을 씌우고 와스디를 대신하여 왕후로 삼은 후에 왕이 크게 잔치를 베푸니 이는 에스더를 위한 잔치라 모든 지방관과 신하들을 위하여 잔치를 베풀고 또 각 지방의 세금을 면제하고 왕의 이름으로 큰 상을 주니라 처녀들을 다시 모을 때에는 모르드개가 대궐 문에 앉았더라 에스더는 모르드개가 명령한 대로 그 종족과 민족을 말하지 아니하니 그가 모르드개의 명령을 양육 받을 때와 같이 따름이더라 모르드개가 대궐 문에 앉았을 때에 문을 지키던 왕의 내시 빅단과 데레스 두 사람이 원한을 품고 아하수에로 왕을 암살하려는 음모를 꾸미는 것을 모르드개가 알고 왕후 에스더에게 알리니 에스더가 모르드개의 이름으로 왕에게 아뢴지라 조사하여 실증을 얻었으므로 두 사람을 나무에 달고 그 일을 왕 앞에서 궁중 일기에 기록하니라(에 2:1~23).

세상을 바라보는 두 가지 시선
세상에 속해야 할까, 분리되어야 할까?

우리가 사는 세상은 결코 만만한 곳이 아닙니다. 전쟁이라고 해도 과언이 아닐 정도로 생존경쟁이 치열하며 경쟁에서 지면 살아남을 수 없다는 위기의식으로 가득 차 있습니다. 에스더서 1장에서 살펴본 것처럼 이 세상은 이기적인 자존심을 세우려는 사람들과 권세에 아부하는 사람들, 그리고 그들이 함께 어우러져 살아가는 살벌한 전쟁터와 같습니다.

본문의 무대가 되는 페르시아 궁의 등장인물들처럼 이 세상은 권력과 권세를 중요하게 여기며 그것을 키우는 데 온 힘을 쏟습니다. 하지만 다른 사람을 압도할 만한 힘을 키우는 것은 그리 쉽지 않기 때문에 힘이 약한 사람들은 종종 자신의 힘이 강한 것처럼 위장합니다. 때로 그것을 필요 이상으로 내세우며 자랑하기도 하고 자존심 싸움을 벌이기도 하며 그 결과 힘의 격차가 드러나면 약한 자는 강한 자에게 아부합니다. 이것이 에스더서 1장에 언급된 페르시아 궁의 풍경입니다.

이러한 모습은 오늘날도 마찬가지입니다. 그때나 지금이나 인간의 내면적 속성은 동일하며 오늘날까지 끊임없이 지속되고 있습니다.

그렇다면 이 세상에 살고 있는 그리스도인들은 이 세상을 어떤 시각으로 바라보며 어떻게 반응하고 있습니까?

첫 번째 부류의 사람은 이 세상은 악하므로 이 세상과 분리되어 사는 것이 현명하다고 생각합니다. 이런 사람은 사회생활에 매우 소극적인데 믿음이 좋다는 사람들 중에도 이런 사람들이 상당수 있습니다. 그들은 이 세상을 악하기 때문에 이 세상의 문화를 즐기는 것도 안 되고 그것을 누리며 살아가는 사람들과 섞여서도 안 된다는 편견을 갖고 있습니다. 그래서 이런 사람들은 직장생활을 적극적으로 하지 못하고 세상과 분리된 채 살아가다가 결국 신학교에 가겠다고 나서기도 합니다.

두 번째 부류의 사람은 이 세상이 우리 삶의 주 무대라고 생각합니다. 이런 사람들은 사회생활에 적극적이고 온 힘을 쏟습니다. 그리고 자기 자리를 지키기 위해 힘을 키우고 전략을 사용하는 등 세상 사람들과 다를 바 없는 삶을 살아갑니다. 단지 다른 게 있다면 신앙이 있다는 것인데, 그것마저도 윤택한 삶을 살아가기 위해 필요한 수단으로 생각하는 경우가 많습니다.

이들에게 영적인 세계는 자신을 돋보이게 하는 장신구와 같은 요소입니다. 신앙생활은 자기의 영적 갈증을 메우는 수단에 불과한 것입니다. 물론 실제로 그렇게 생각하며 신앙생활을 하거나 노골적으로 그렇게 말하고 다니는 사람들은 없지만, 주위를 둘러보면 그런 식으로 살아가는 사람들이 많습니다.

우리는 이 두 부류의 사람들이 모두 세상과 하나님의 나라에 대해 잘못 이해하고 있다는 사실을 알고 있습니다. 그것은 두 부류의 사람들 모두 관점이 한쪽으로 쏠려 있어서 극단적으로 분리되거나 세상과 다름없는 삶을 살아가고 있기 때문입니다.

그렇다면 그리스도인들은 이 '세상'이라는 말을 어떻게 이해해야 할까요? 어떤 설교를 들어보면 세상에 속하지 말라고 하는데 어떤 설교에서는 세상으로 나아가라고 합니다. 이번 장의 제목도 '세상으로 나아가자'인데 이는 어찌 보면 세상을 닮지 말라는 말씀과 상반되는 것 같습니다. 그리고 '나아가자'라고 강조하는 것은 세상과 타협하라는 말처럼 들리기도 합니다.

하지만 그것은 전적으로 우리의 자의적인 생각일 뿐입니다. 성경은 세상을 이분법적으로 분리하지도 않고 세상에 속해 있으라고 요구하지도 않습니다. 이 시점에서 우리는 성경이 말하는 세상에 대한 관점을 배워야 합니다.

세상에 대한 두 가지 개념
물리적 세상과 세속적 세상

세상에 대한 개념은 두 가지로 구분할 수 있습니다. 먼저 우리가 몸담고 있는 '물리적 세상'이 있습니다. 그것은 오감으로 반응할 수 있는 세상이며 우리가 발을 디디고 살아가는 삶의 현장입니다. 성경은 이런 세상을 경계한 적이 없습니다.

하지만 성경은 다른 개념의 세상을 말할 때가 많습니다. 그것은 '세속적 세상'입니다. 이것을 구성하는 것은 육신의 정욕, 안목의 정욕, 이생의 자랑과 같은 요소들입니다. 이런 개념의 세상은 우리가 단절해야 할 세상이며 이런 세상으로 나아가는 것은 죄입니다. 이런 세상에는 속해서도 안 되고 타협해서도 안 됩니다.

그러므로 우리는 '물리적 세상' 속에서 열심히 살아가되 '세속적 세상'과는 분리된 삶을 살아야 합니다. 다시 말해 우리는 세상에 살지만 세상에 속하지 말아야 합니다. 그러므로 우리는 스스로가 어떤 세상에 적극적이며 어떤 세상에 소극적인가를 잘 감지하고 분별할 수 있어야 합니다.

'세상으로 나아가자'는 말은 실존적 세상으로 나아가라는 이야기입니다. 하지만 앞에서 보았듯이 거기에는 물질적 대상뿐만 아니라 세속적 정신까지 존재하기 때문에 그런 요소들을 모두 정확하게 파악해야 세상에서 살아가되 세상에 속하지 않는 삶을 살 수 있습니다.

그렇다면 이 세상을 어떻게 알 수 있습니까? 가장 좋은 방법은 사람들이 살아가는 모습을 관찰하는 것입니다. 비록 역사적으로 오래전의 일이지만 본문에 나오는 사람들을 살펴보면 세상의 실체를 비교적 정확하게 이해할 수 있습니다.

세상 사람들의 일상 1
권력자에게 집중된 고단한 삶

에스더서 1장에는 페르시아 제국의 통치자 아하수에로 왕의 일상이 나옵니다. 하지만 2장에는 그의 색다른 모습이 드러납니다. 여기서 아하수에로 왕의 색다른 모습을 찾아볼 수 있다는 말은, 이야기가 전개되는 시간적·공간적 배경 자체가 다르다는 것입니다.

에스더서 2장은 1장의 시점에서 3, 4년이 지난 뒤 이야기입니다. 2장 16절을 보면 그런 내용을 정확하게 이해할 수 있습니다.

"아하수에로 왕의 제칠년 시월 곧 데벳월에 에스더가 왕궁에 인도되어
 들어가서 왕 앞에 나가니."

"왕의 제칠년 시월"이라고 언급된 것을 볼 때, 에스더서 1장이 왕에 즉위한 지 3년이 되었을 때 일어난 이야기니까 에스더서 2장은 그로부터 4년이 지난 이야기입니다. 물론 2장 16절은 에스더가 왕궁에 들어갈 때의 시점이고, 2장 1절은 그 1년 전이었던 것 같습니다. 그러므로 에스더서 2장 초반은 3년이 지난 시점에 일어난 이야기로 볼 수 있습니다.

그런데 그 3년의 기간 동안 페르시아는 숙적 그리스와 전쟁을 벌였고, 아하수에로 왕은 지고 말았습니다. 에스더서 2장 1절은 바로 아하수에로 왕이 전쟁에서 패배한 시점에 일어난 기사를 다루고 있습니다.

그는 전쟁터에서 돌아왔습니다. 패배한 왕이 궁에 돌아왔을 때 생각난 것은 옛 부인 와스디였습니다. 그때 그는 자신이 홧김에 내린 결정에 대하여 후회했던 것 같습니다. 그래서 다시 그를 왕후로 복권시킬 생각을 했던 것 같습니다.

이런 모습을 보면 절대 권력을 휘두르던 그도 약한 심성을 지닌 인간이라는 사실을 엿볼 수 있습니다. 그의 주변에는 전국에서 간택한 많은 여인들이 있었지만 정작 진정한 사랑을 나눌 만한 사람은 없었을 것입니다.

이런 왕의 생각을 읽어낸 신하들은 왕이 더 이상 그런 생각을 하지 못하도록 대안을 제시합니다. 와스디 왕후가 복권되는 것은 자신들에게 전혀 유익하지 않다고 보았기 때문입니다. 그래서 내어놓는 안이 아리따운 처녀를 구하는 것이었습니다.

그런데 여기서 강조하고 있는 것은 "아리따운 처녀"라는 말입니다. 이들은 왕이 외로워하는 모습을 보면서 색다른 사람을 왕후로 간택해 그 외로움을 달래라고 건의합니다. 그리고 내시 헤개라는 사람을 통해서 왕후 후보자들을 관리하게 합니다.

왕은 신하들이 건의한 이런 대안을 흔쾌히 받아들입니다.

"왕의 눈에 아름다운 처녀를 와스디 대신 왕후로 삼으소서 하니 왕이 그 말을 좋게 여겨 그대로 행하니라"(에 2:4).

왕은 외로울 때 새로운 여인을 맞아들이면 그 외로움을 달랠 수 있을 것이라고 생각했습니다. 하지만 그 대안은 순수한 의도에서 나온 게 아니었고 다분히 신하들이 자신들의 안위와 실리를 추구하는 가운데 나온 것이었습니다.

이런 모습이 바로 세상 사람들이 살아가는 전형입니다. 사람들은 자신의 필요와 목적에 따라 다른 사람들을 이용합니다. 본문에서 아하수에로 왕은 자신의 외로움을 달래기 위해 새로운 여인이 필요했고, 신하들은 와스디 왕후의 복권을 막기 위해 새로운 왕후 간택을 제안한 것입니다.

한편 본문에 나오는 인물 가운데 궁녀를 주관하는 헤개라는 사람이 있습니다. 마침 왕후 간택이라는 국가 중대사가 발생했고 그는 전국 각 지역에서 모인 여인들이 왕과의 잠자리를 가질 때 문제가 없도록 준비시키는 사람이었습니다. 그는 여인들이 왕에게 나아갈 때 몸을 정결하게 하는 물품과 일용품을 주며 그들을 관리하는 일을 했습니다.

당시 수산 궁으로 모인 여인들은 헤개의 관리를 받고 있다가 왕이 요청하면 한 사람씩 왕과 하룻밤을 지냅니다. 그러고 나서 그 여인은 비빈을 주관하는 내시 사아스가스라는 사람의 관리를 받게 되는데, 왕과 하룻밤을 보낸 뒤에 왕이 다시 부르지 않으면 그 여인은 그곳에서 살다가 죽게 됩니다.

그러므로 그곳에 끌려온 여인들은 사실 불쌍한 여인들입니다. 그들은 자원해서 왔다기보다는 끌려온 데다 왕의 선택을 받지 못하면 평생 혼자 살아야 하는 암울한 상황에 처해 있습니다. 다시 말해 본문에 나오는 사람들은 왕의 비위를 맞추며 충성해야 하는 삶을 살고 있습니다. 헤개와 사이스가스, 그리고 왕의 여인들처럼 수많은 사람들이 아하수에로 왕 한 사람의 정욕을 위해서 그 일에 힘을 쏟으며 살아야 하는 게 본문의 현실입니다.

세상 사람들의 일상 2
공동체의 규칙을 지키며 하나님을 따르는 백성들

세속적 세계관의 지배를 받는 이런 사람들이 사는 곳에서 그들과 더불어 함께 살아가고 있는 하나님의 사람 모르드개와 에스더의 삶은 어떻습니까?

우선 모르드개는 적극적인 사람으로, 자신이 양육한 사촌동생 에스더를 위해서 많은 노력을 합니다. 그는 이스라엘로 귀환하지 않고 페르시아에 정착했습니다. 그리고 그곳에서 고아가 된 에스더를 아리따운 숙녀로 키워냈습니다.

한편 에스더는 고아였지만 사촌오빠 모르드개를 통해 훌륭하게 성장할 수 있었습니다. 그리고 그 뒤에는 궁녀를 관리하는 헤개라는 내시의 도움을 받아 왕후가 될 수 있었습니다. 그녀는 자신의 주장이나 고집을 내세우지 않는 순종의 여인이라 할 수 있습니다.

사실 모르드개와 에스더는 이방 땅인 페르시아에서 이방 왕에 지배를 받는 곳에서 사는 사람들입니다. 그들의 종교와 세계관은 분명 페르시아 사람들과 맞지 않았을 것입니다. 하지만 몇 가지 사항들을 눈여겨볼 때 그들은 그곳 생활에 잘 적응하고 있었습니다.

- 모르드개는 고향으로 돌아갈 기회가 있었음에도 돌아가지 않았습니다.
- 그들의 이름은 모두 그 지역 이름이었습니다.
- 모르드개는 가난한 곳에 살지 않고 수산에서 고귀한 사람으로 살고 있었습니다.
- 모르드개는 에스더의 결혼을 반대하지 않았습니다.
- 모르드개는 에스더에게 자기의 민족과 종족을 알리지 말라고 했습니다. 뿐만 아니라 에스더가 왕후가 된 뒤에 왕을 암살하려는 음모를 꾸민 내시 빅단과 데레스 두 사람을 에스더를 통해 왕에게 알립니다. 그는 이미 왕의 식구가 되어 자신의 위치를 확보하고 있습니다.
- 음모를 꾸민 빅단과 데레스 두 사람도 자신의 힘을 지키려다가 죽고 맙니다.

본문에 등장하는 사람들이 세상을 살아가는 모습은 어떻습니까? 그들은 자기 위치를 잃지 않으려고 몸부림칩니다. 그게 바로 그들이 세상을 살아가는 방법입니다.

여기서 모르드개와 에스더가 살아가는 방식이 이들과 다른 점은 무엇입니까? 사실 그다지 다른 점은 없습니다. 그들의 행동이 믿음의 행동이라고 보기에는 너무나 이해되지 않는 점들이 많습니다. 에스더가 이방인의 왕후가 되는 것도 그렇지만, 왕후가 되기 전에 왕과 하룻밤을 지낸다는 것은 하나님의 자녀다운 모습이라고 보기 어렵습니다. 본문을 통해서 확인할 수 있는 것은 그들이 이방 땅에서 이방인들과 같은 수준으로 살아가고 있다는 사실입니다.

모르드개와 에스더가 이방 땅과 이방 왕에게 나아가서 기여한 것이 있다면, 에스더는 아리따운 처녀로서 왕이 바라는 대상이 되었다는 것입니다. 그리고 모르드개는 왕을 암살하려는 음모를 알려 왕이 결정적 위기를 넘기게 한 것입니다. 그들은 자신들이 살아가는 환경 속에서 주어진 일에 충실하며 살아갔습니다.

하나님의 백성으로 살아간다는 것
세상으로 나아가되 세속과 결별하기

그러면 이 두 사람의 모습을 통해 우리는 어떤 것을 배울 수 있습니까?
사실 본문에 등장하는 모르드개와 에스더의 삶을 우리의 삶에 구체적으로 적용하기 힘든 부분이 있습니다. 왜냐하면 그들의 행동이 믿음의 행동이라고 할 수 있는 부분이 드러나지 않기 때문입니다. 단지 에스더가 순수하고 순종적이라는 점과 모르드개가 자기 일을 충실히 감당했다는 점이 드러날 뿐입니다.

이 본문을 잘못 적용하면 몇 가지 커다란 우를 범할 수 있기 때문에 조심해야 합니다.

첫째, 믿음으로 하지 않는 행동을 합리화할 수 있습니다.

모르드개와 에스더 같은 믿음의 사람들도 이방 땅에서 이방 왕과 어울려 이방인처럼 살지 않았는가? 이 당시 사람들도 이렇게 살았는데 우리도 세상과 잘 어울려서 사는 것이 성경의 내용이 아닌가? 사업을 하는데 어찌 탈세하지 않을 수 있는가? 정직하게 살면 인정받지도 올라서지도 못하는 게 이 세상 아닌가? 이런 식으로 생각하며 '신앙은 신앙일 뿐이고 현실은 그렇지 않다.'고 합리화할 수도 있습니다.

하지만 이것은 모르드개와 에스더의 삶과 가치관을 잘못 이해한 것입니다. 그들은 사람이 살아가는 보편적 기준에 따라 최선을 다해 살아간 것으로 그 점에 대해 현재의 가치 기준을 적용하며 선악을 판단해서는 안 됩니다. 하나님의 백성이라 하더라도 세상의 법과 보편적 가치관을 지키며 살아가야 하며 여기에는 예외가 있을 수 없습니다.

둘째, 세속적인 사람들과 마음껏 어울려도 된다는 식으로 적용할 수 있습니다.

그러나 우리는 세상으로 나아가되 세상에 속해서는 안 됩니다. 이방인과 이방 땅에서 살아가지만 그들의 가치 기준에 맞춰 살아가서는 안 되며 그들과 함께 살되 다른 세상에서 살아가야 합니다. 말씀에 위배되는 삶은 철저하게 거부하며 살아가야 합니다. 하지만 성경의 가치관에 따라 세속적인 것을 거부하며 살아가기란 결코 쉽지 않기 때문에 성경은 이 세상에서 믿음으로 살아가려면 고난을 겪게 된다고 이야기합니다.

그리스도인들 가운데 상당수가 예수 믿으면 모든 것이 잘되고 안락하고 좋고 행복할 것이라고 기대합니다. 하지만 이 세상은 우리와 가치관이 다르고 소속도 다르며 지향하는 목표도 다르기 때문에 우리가 세상 사람들과 더불어 살아가려면 항상 부딪히고 핍박받고 고통이 따르기 마련입니다. 그런데 이렇게 세상 사람들과 목표가 다른 데도 아무런 방해를 받지 않거나 걸림돌이 전혀 없다면 자신의 믿음을 다시 한 번 확인해 보십시오. 그러면 자신이 얼마나 세상과 타협하고 그 세상 물결을 좇아가고 있는지 알 수 있을 것입니다.

그리스도인으로 사는 것은 쉽지 않습니다. 그렇기 때문에 예수님께서는 "나를 따르려거든 자기를 부인하고 십자가를 지라."고 말씀하셨습니다. 우리는 내면에 하나님과 더불어 사는 기쁨과 감격을 누리지만 외면적으로는 세속과 분리되어 고독을 느끼며 살아가는 사람들입니다. 그런 고독 속에서 하나님과 긴밀하게 만나며 영원의 기쁨을 누리는 사람이 그리스도인이지, 그런 것이 전혀 없는 채 겉모습만 부유하고 평안하다고 해서 행복한 그리스도인이라고 생각한다면 기독교를 잘못 이해한 것입니다. 그런 의미에서 참된 그리스도인은 세상으로 나아가되 세속과는 철저하게 결별해야 합니다. 그래야 하나님이 주시는 권세로 세상 속에서 세상을 변혁시켜 나갈 수 있습니다.

하나님과 함께 세상 속으로
삶의 현장에서 우리와 함께 일하시는 하나님

그러면 우리는 본문을 어떻게 적용해야 합니까?

먼저 우리 삶의 현장이 세상인 것을 염두에 두어야 합니다. 이 세상은 하나님이 창조하신 곳이며 많은 사람들이 어울려 살아가는 삶의 현장입니다. 그러므로 하나님께서 허락하신 보편적인 기준을 지켜나가되 세속적 정신에 매몰되어서는 안 된다는 사실을 항상 기억해야 합니다.

구체적으로 본문에 등장하는 모르드개와 에스더의 삶 또한 몇 가지 지점에서 타락한 세상을 살아가는 우리에게 소중한 모범이 될 수 있습니다.

첫째, 본문은 에스더가 왕후가 되었다는 사실을 성공한 것으로 간주하지 않습니다.

모르드개와 에스더의 행동에 문제가 있지만 그 점을 역이용하시는 하나님을 그리고 있는 것입니다. 문제가 있지만 그것을 다시 새롭게 만들어 가시는 하나님의 위대함과 강함과 섬세함을 그리는 것이 이 본문의 핵심입니다.

또한 에스더의 위대함은 나중에 왕후가 된 뒤에 하나님의 백성을 위해 목숨을 걸었다는 데 있습니다. 그것이 본문이 강조하는 아름다운 교훈입니다. 자신이 무엇이 된 게 중요하다기보다 자신의 역할을 알고 성실히 수행하는 것이 중요한 점입니다.

둘째, 다양한 상황에 놓인 사람들을 통해 일하시는 하나님의 섭리를 기억해야 합니다.

본문의 주인공을 움직이시는 연출자는 하나님이십니다. 우리가 사는 이 땅에서 하나님이 어떻게 일하시는가를 볼 수 있어야 합니다. 그리고 자신의 백성들을 통해 일을 성취하시는 하나님을 생각해야 합니다.

우리는 일상생활 가운데 한 번도 하나님이라는 단어를 사용하지 않고 살 때도 있습니다. 하지만 우리가 말로는 하나님이라는 단어를 사용하지 않는다 하더라도 우리의 내면은 하나님을 향한 열정으로 불타올라야 합니다. 하나님 나라의 가치관과 하나님 나라의 삶의 스타일을 가지고 하나님의 섭리를 느끼며 살아가는 것이 바로 그리스도인의 진정한 아름다움입니다. 이런 사람들을 통해 하나님의 나라를 만들어 가시는 그 위대하신 하나님, 어려움을 역전시키는 하나님을 생각할 줄 알아야 합니다.

그러면 우리는 어떤 자세로 세상을 바라보고 행동해야 합니까?

에스더서 전체에 면면히 흐르고 있는 모르드개와 에스더의 하나님을 향한 절대 신앙, 하나님을 삶의 절대 기준으로 모시고 살아가는 삶의 자세를 기억해야 합니다. 세상과 분리된 채 믿는 사람들끼리만 즐겁게 지내는 것도 바람직하지 않고, 세상과 타협한 채 세속적 삶을 살아가는 것도 잘못된 일입니다.

우리가 교회에 모인 이유는 우리끼리 모여서 기도하고 성경보고 말씀을 전하며 영원한 장막을 치고 행복하게 살기 위한 것이 아닙니다. 우리는 이 세상에서 살아가는 게 힘들거나 믿지 않는 사람들에게 말씀을 전하기 힘들 때 예수님의 열두제자들과 동일한 유혹에 빠져들곤 합니다. 하지만 교회는 이 세상의 잘못된 구조와 잘못된 현실을 직시하고 이런 세상에서 우리가 어떻게 견딜 것이며 이 세상을 향해 우리가 무엇을 던질 것인가를 배우는 곳입니다. 교회는 잘못된 세속적 가치에 대해 어떤 것을 바로잡아야 하는가를 용기 있게 제시하며 하나님의 말씀을 구체적으로 실천하는 곳이 되어야 합니다.

우리의 관심은 하나님께 충성하는 것입니다. 그것은 이 세상에서의 성공적인 삶을 부정하거나 외면하는 것이 아니라 이 세상에서 최선을 다해 열심히 살아야 한다는 것을 의미합니다. 그리고 그 속에서 하나님의 뜻을 찾아야 합니다. 그래서 사회적으로 그리스도인의 역량을 발휘하는 사람들이 많이 나와야 합니다. 이 세상 모든 상황 가운데 하나님의 섭리가 존재한다는 것을 기억하고 복음에 근거해서 자기가 맡은 일을 충실히 하십시오.

담대히 세상으로 나아가되 자신이 세상에 속하지 않는 사람으로 부름 받았다는 사실을 기억하십시오. 세상에 대해 거부 반응을 갖지 말고 자신을 통해 하나님이 어떤 일을 하실지 기대하고 준비하십시오. 그것이 바로 세상 속에서 날마다 승리하는 그리스도인의 삶입니다.

2부

세상과 하나님의 대결

3장 세상의 위협
세상을 움직이는 힘 | 사람의 때와 하나님의 때 | 무례한 그리스도인 | 혈관을 타고 이어진 민족적 원한 | 세상의 전략 | 위기를 기회로 바꾸는 하나님

4장 세상을 바꾼 사람들
유대인 살육 프로젝트 가동 | 빠져나갈 수 없는 상황 | 위기를 돌파한 사람 1 | 위기를 돌파한 사람 2 | 위기를 돌파한 사람 3 | 하나의 목표를 향해 움직이는 사람들

5장 보이는 세상과 보이지 않는 세상
왕에게 나아가는 에스더 | 모험적 계획과 금식, 그리고 실천 | 행복해하는 두 사람 | 에스더, 역전의 찬스를 잡다 | 보이지 않는 것을 믿고 실행한 에스더 | 하나님의 계획, 시작되다

3장

세상의 위협

그 후에 아하수에로 왕이 아각 사람 함므다다의 아들 하만의 지위를 높이 올려 함께 있는 모든 대신 위에 두니 대궐 문에 있는 왕의 모든 신하들이 다 왕의 명령대로 하만에게 꿇어 절하되 모르드개는 꿇지도 아니하고 절하지도 아니하니 대궐 문에 있는 왕의 신하들이 모르드개에게 이르되 너는 어찌하여 왕의 명령을 거역하느냐 하고 날마다 권하되 모르드개가 듣지 아니하고 자기는 유다인임을 알렸더니 그들이 모르드개의 일이 어찌 되나 보고자 하여 하만에게 전하였더라 하만이 모르드개가 무릎을 꿇지도 아니하고 절하지도 아니함을 보고 매우 노하더니 그들이 모르드개의 민족을 하만에게 알리므로 하만이 모르드개만 죽이는 것이 부족하다고 생각하고 아하수에로의 온 나라에 있는 유다인 곧 모르드개의 민족을 다 멸하고자 하더라 아하수에로 왕 제십이년 첫째 달 곧 니산월에 무리가 하만 앞에서 날과 달에 대하여 부르 곧 제비를 뽑아 열두째 달 곧 아달월을 얻은지라 하만이 아하수에로 왕에게 아뢰되 한 민족이 왕의 나라 각 지방 백성 중에 흩어져 거하는데 그 법률이 만민의 것과 달라서 왕의 법률을 지키지 아니하오니 용납하는 것이 왕에게 무익하니이다 왕이 옳게 여기시거든 조서를 내려 그들을 진멸하소서 내가 은 일만 달란트를 왕의 일을 맡은 자의 손에 맡겨 왕의 금고에 드리리이다 하니 왕이 반지를 손에서 빼어 유다인의 대적 곧 아각 사람 함므다다의 아들 하만에게 주며 이르되 그 은을 네게 주고 그 백성도 그리하노니 너의 소견에 좋을 대로 행하라 하더라 첫째 달 십삼일에 왕의 서기관이 소집되어 하만의 명령을 따라 왕의 대신과 각 지방의 관리와 각 민족의 관원에게 아하수에로 왕의 이름으로 조서를 쓰되 곧 각 지방의 문자와 각 민족의 언어로 쓰고 왕의 반지로 인치니라 이에 그 조서를 역졸에게 맡겨 왕의 각 지방에 보내니 열두째 달 곧 아달월 십삼일 하루 동안에 모든 유다인을 젊은이 늙은이 어린이 여인들을 막론하고 죽이고 도륙하고 진멸하고 또 그 재산을 탈취하라 하였고 이 명령을 각 지방에 전하기 위하여 조서의 초본을 모든 민족에게 선포하여 그날을 위하여 준비하게 하라 하였더라 역졸이 왕의 명령을 받들어 급히 나가매 그 조서가 도성 수산에도 반포되니 왕은 하만과 함께 앉아 마시되 수산 성은 어지럽더라(에 3:1~15).

세상을 움직이는 힘
시스템을 파악하라

우리가 살아가는 이 세상에는 그리스도인들뿐만 아니라 다양한 종교와 인격을 가진 사람들이 공존하고 있습니다. 사람들이 함께 정한 법과 규칙이 있고 관습이 있으며 가치가 존재합니다. 그것이 우리가 매일 만나는 현실 세계입니다. 더불어 살아가야 할 이 세상에서 이러한 다양성을 부정하면 스스로를 부정하는 것이나 마찬가지입니다. 그리스도인의 세계관이 성경을 벗어나 세속을 지향하면 안 되지만, 세상과 결별하고 그것을 부정하면 올바른 세계관이라 할 수 없습니다.

하나님은 자신의 백성들에게 이 세상으로 나아가라고 하셨습니다. 그러나 이 세상에 속해서는 안 되기 때문에 날마다 순간순간 말씀으로 우리 자신을 준비하고 점검해야 합니다. 세상을 너무 크게 보고 너무 겁을 내서도 안 되겠지만 너무 보잘것없는 것으로 보고 우습게 여겨서도 안 됩니다. 그리스도인의 세상살이는 결코 만만치 않기 때문입니다.

그렇다면 우리는 세상 속의 그리스도인의 사명을 어떻게 완수할 수 있을까요? 세상으로 나아갈 때 온갖 세상적인 요소들이 가해 오는 위협에 어떻게 대처할 수 있을까요? 세상의 위협에 대처하려면 우선 세상의 시스템을 정확하게 파악해야 합니다.

에스더서 2장의 마지막 부분을 보면 에스더가 왕후가 된 뒤에 왕을 해치려는 무리가 나타납니다. 이들은 빅단과 데레스라는 내시였는데 아마도 왕에 대해 불만이 많았던 것 같습니다. 전모를 알게 된 모르드개는 이 사실을 즉시 에스더에게 알렸고, 그녀는 다시 왕에게 알려 왕은 생명을 잃을 수도 있었던 큰 위기를 모면하게 됩니다. 하지만 역모에서 왕을 구한 일등 공신 모르드개는 이 공로에 대해 아무런 대가를 받지 못합니다. 에스더 2장 23절을 보면 그 내용이 잘 나와 있습니다.

"조사하여 실증을 얻었으므로 두 사람을 나무에 달고 그 일을 왕 앞에서 궁중 일기에 기록하니라."

이 구절을 보면 왕과 제국을 위기에서 구한 영웅에 대한 찬사나 치하는 전혀 없고, 그냥 사건이 처리되었고 그 일을 기록한 것으로 마무리됩니다. 모르드개는 큰 공을 세웠지만 외형적 보상을 받지 못한 채 그 뒤의 이야기로 이어집니다.

사람의 때와 하나님의 때
행동하는 그리스도인으로 살아가기

모르드개의 영웅적 사건 뒤에 이어지는 에스더서 3장은 요셉을 잊어버린 후대 이집트인들처럼 너무 무심하게 시작합니다. 그러고 나서 무대에 등장하지 않았던 하만이라는 인물이 급부상합니다. 그는 에스더서의 무대에 처음 출연했지만 엑스트라가 아니라 왕 다음 서열인 총리로 등장합니다. 하지만 그가 어떤 경로로 총리가 되었는지에 대해서는 아무런 언급이 없습니다.

하만은 모르드개와는 너무도 대조적인 모습으로 출연합니다. 모르드개는 왕을 구하는 데 큰 공을 세웠지만 승진하거나 금전적인 보상조차 받지 못했습니다. 또 그것에 대해 불평하지도 않았고 자신의 공을 떠벌이지도 않았습니다. 하지만 하만은 한순간에 큰 권력을 잡게 되었으며 자신의 권세를 과시하고 방해 세력에 대해서는 관련자들까지 모두 제거하는 잔인함마저 보입니다.

그가 어떤 경로로 갑자기 국가 서열 2위에 오르게 되었는지는 모르지만 그의 행적을 통해 추측해 볼 수 있습니다. 그는 상전의 비위를 맞출 줄 알았고 아첨을 잘했으며, 교만하고 잔인하며 정의롭지 못한 사람이었습니다. 한마디로 그는 세상의 이치에 밝았고 세상의 시스템에 매우 익숙해 있었습니다. 하지만 세상 사람들은 이런 능력을 가진 사람을 사회생활을 잘하는 사람으로 인정해줍니다. 아하수에로 왕도 예외가 아니어서 하만을 높은 자리에 앉힙니다.

추론해 보건데 하만은 자신의 이런 장기를 적극 활용해서 왕에 눈에 띠었을 것이고, 그 결과로 낙하산을 탄 것인지도 모르겠습니다. 반면 유대인을 도륙하려는 자신의 목적을 성취하기 위해 매우 계획적이고 체계적으로 일처리를 한 것을 보면 두뇌회전이 상당히 빠르고 뛰어난 행정가의 면모를 엿볼 수 있습니다. 그렇지만 구체적인 승진 배경이 언급되지 않은 것으로 볼 때 그는 다른 사람들에 비해 상대적으로 빠르게 출세한 사람이라 생각됩니다.

그리스도인들은 이런 사람이 높은 자리에 앉는 것은 옳지 않다고 생각합니다. 하지만 우리 사회에서는 이런 사람들이 득세하는 모습을 흔히 볼 수 있으며 사람들은 이들을 능력 있는 사람이라 간주하곤 합니다.

이처럼 우리는 모르드개와 하만이 신분의 차이뿐만 아니라 매우 대조적인 상황에 처해 있음을 보게 됩니다. 한 사람은 커다란 공을 세웠지만 제대로 인정받지 못했고, 다른 사람은 별다르게 기여한 것도 없는 것 같은데 왕의 비위를 맞추는 재주로 높은 자리에 앉은 것입니다. 이것이 바로 우리가 살아가는 세상의 모습입니다.

그렇다면 이 두 종류의 사람 가운데 어떤 사람이 되어야 할까요? 교과서적 기준으로 볼 때는 분명 모르드개를 선택하겠지만, 문제는 막상 현실에서 두 종류 가운데 한쪽을 선택하라고 할 때는 모르드개 쪽을 선택하기 힘들다는 것입니다.

하지만 옳은 것을 알거나 그것을 지지한다고 해서 올바른 사람이 되는 것은 아닙니다. 나쁜 사람도 무엇이 옳은지는 압니다. 이는 도둑질을 하는 사람이 자신이 하는 행동을 옳다고 생각하지 않는 것과 같습니다. 생각은 누구나 쉽게 할 수 있습니다. 하지만 옳다고 생각하는 가치를 구체적으로 실천하기란 매우 어렵습니다.

오늘날 우리가 사는 세상이 어지러운 것은 올바른 생각을 하는 사람이 없어서가 아니라 올바른 행동을 하는 사람이 적기 때문입니다. 중요한 것은 자신이 알고 있는 것을 실행에 옮기는 것입니다. 그것은 그리스도인의 신앙생활과 교회에도 동일하게 적용됩니다.

사람들이 올바른 생각을 한다 하더라도 세상에서 잘 통하지 않기 때문에 행동으로 옮기기 어렵습니다. 다시 말해 올바른 생각과 올바른 행동이 사회적으로 화려한 생활을 보장하지 않는다는 말입니다. 나쁜 생각과 나쁜 행동이 화려한 생활을 보장하는 지름길이라는 생각, 세상 사람들과 어울려 살아가려면 다른 사람들을 이용하거나 어느 정도는 이기적으로 살아야 한다는 생각이 세상을 지배하고 있습니다. 이것은 그리스도인들에게도 예외가 아닙니다.

이런 가치관이 삶에 깊이 뿌리내린 사람은 믿음을 갖게 된다 하더라도 삶이 쉽게 변화되지 않습니다. 심지어 체계적인 훈련이나 학습을 받는다 하더라도 쉽게 변하지 않습니다. 유일한 변화의 조건은 '가난한 마음'뿐입니다. 세상과 타협하면 당장은 먹을 게 주어지는 것처럼 보이지만 결국 그 독으로 인해 영혼을 상하게 됩니다. 지금 당장 얻는 것이 없더라도 가난한 마음으로 하나님의 법을 따르면 세상이 아니라 하나님이 예비하신 부요를 얻을 수 있습니다.

에스더서 2장 23절을 보면 모르드개의 활약으로 인해 역모가 진압된 사건을 "궁중 일기에 기록하니라"고 언급되어 있습니다. 뛰어난 활약에도 불구하고 그의 공로는 그냥 기록으로 끝나버린 것 같습니다. 하지만 궁중 일기에 기록된 것이 그 당시에는 그에게 아무런 유익이 되지 않았지만 나중에 이 기록을 근거로 모르드개는 총리가 됩니다.

그렇다면 영적인 사람은 자신에게 주어지는 상황을 어떻게 받아들여야 합니까? 영적인 사람은 모르드개가 불평하지 않고 현실을 담담히 받아들였듯이, 당장 눈앞의 이익을 움켜쥐려고 하기보다 자신을 향한 하나님의 뜻을 바라보며 그 시기를 준비해야 합니다. 그러면 하나님의 정한 때가 이르렀을 때 모르드개가 자신의 공을 보상받은 것처럼, 미래를 내다보며 묵묵히 준비한 하나님의 사람들은 최선의 순간에 그 대가를 받게 될 것입니다.

무례한 그리스도인
우리 시대 기독교의 자화상

에스더서 3장은 하만과 모르드개라는 너무도 대조적인 인물이 무대의 전면에 등장합니다.

하지만 그 두 사람의 신분은 하늘과 땅 차이였습니다. 하만은 제국을 호령하는 총리였고 모르드개는 문지기에 불과했습니다. 두 사람은 비교가 불가능할 정도로 신분 차이가 나는 사람들이었습니다. 하지만 모르드개가 엄청난 신분의 격차에도 불구하고 하만을 상사로 인정하지 않으면서 문제가 발생합니다.

부하가 상사에게 절하는 것은 예나 지금이나 계급사회에서는 너무나 당연한 일입니다. 특히 3장 2절에서 드러나듯이 아하수에로 왕이 많은 권력을 하만에게 부여한 모습을 보면 전 국민이 하만에게 복종하라는 의미로 해석할 수 있습니다.

> "대궐 문에 있는 왕의 모든 신하들이 다 왕의 명령대로 하만에게 꿇어 절하되 모르드개는 꿇지도 아니하고 절하지도 아니하니"(에 3:2).

이런 왕의 명령에도 불구하고 모르드개는 하만에게 절하지 않았습니다. 사실 모르드개가 절하지 않았다 하더라도 하만 눈에 잘 띄지는 않았을 것입니다. 그도 그럴 것이 두 사람의 계급 차이가 너무 심했기 때문에 모르드개를 눈여겨 보지도 않았을 것이며 신경 쓰지도 않았을 테니까 말입니다.

그러나 동료들은 모르드개의 태도를 그냥 보아 넘길 수가 없었습니다. 자기들은 겸손한 자세로 총리에게 절하며 그의 권위에 복종하는데, 이민족인데다 별로 잘난 것도 없는 초라한 신분의 모르드개가 고개를 뻣뻣이 세우고 있는 게 못마땅했을 것입니다. 여기에 신임 총리인 하만에게 잘 보이려는 아부 근성이 작용하여 동료들은 모르드개의 건방진 태도를 하만에게 고해 바치게 되고 이로 인해 하만은 진노하게 됩니다.

높은 자리에 올라가는 비결은 상사에게 신임을 받는 것입니다. 그 신임은 능력으로만 평가받는 것이 아니라 상사의 마음에 드느냐에 달려 있는 경우가 많습니다. 심지어 남편의 진급을 위해 아내까지 나서서 상사와 그 식구들을 위해 일하는 일도 있지 않습니까? 모르드개의 동료들이 하만에게 모르드개가 절하지 않은 것을 고해 바친 일도 바로 이런 이유 때문이었을 것입니다.

이 말을 듣고 자기에게 절하지 않는 사람이 있다는 사실을 안 하만은 분노합니다. 그는 자신에게 절하지 않은 것을 자신에 대한 도전으로 간주합니다. 그런 도전을 하는 사람에게는 따끔한 질책을 가하는 것이 계급 사회의 특징입니다.

여기서 하만은 민족 말살이라는 채찍으로 모르드개를 징계하려고 합니다. 자신을 무시한 장본인만을 죽이는 것을 넘어서서 그 민족을 모두 죽이려는 것입니다.

이런 징계조치는 언뜻 잘 이해되지 않습니다. 절하지 않았다고 해서 사람을 죽이는 것도 지나친 징벌인데, 127개 지역의 유대인 전부를 학살한다는 것은 도무지 납득이 가지 않습니다.

그 이유는 무엇입니까? 단순히 유대인 한 사람이 절하지 않았다고 민족 전체를 말살하려 했을까요? 그렇지는 않습니다. 하만은 단순히 개인적인 분노로 한 민족을 말살하려고 했다기보다 대대로 내려온 민족적 원한 때문에 유대인을 말살하려고 합니다. 모르드개도 동일한 민족 감정 때문에 하만에게 절하지 않은 것입니다. 그러고 보면 두 사람의 내면에는 개인적인 차원을 넘어서는 더 큰 분노의 이유가 숨겨져 있다는 사실을 확인할 수 있습니다.

혈관을 타고 이어진 민족적 원한
종교적 극단주의의 위험

모르드개가 하만에게 절하지 않은 것은 하만이 아각 사람이기 때문입니다. 에스더서 3장 1절에서는 이런 사실이 명확하게 언급되고 있습니다.

"그 후에 아하수에로 왕이 아각 사람 함므다다의 아들 하만의 지위를 높이 올려 함께 있는 모든 대신 위에 두니."

아각은 아말렉 왕의 이름이거나 왕호였으며 하만은 아말렉 왕족의 후손이었습니다. 오래전부터 아말렉 족속은 유대인과 자주 충돌했었고, 유대인이 광야에 있을 때 르비딤에서 유대인을 공격했습니다(출 17:8).

사사시대에도 아말렉 족속은 유대인을 습격했고 유대인이 아말렉 족속을 공격하기도 했습니다. 사울은 아각 왕의 생명을 구했지만 사무엘은 그를 죽였습니다. 그 뒤에 다윗도 아말렉 사람들을 공격했습니다.

출애굽기 17장 16절을 살펴보면 유대인과 아말렉 족속의 관계가 잘 드러납니다.

"이르되 여호와께서 맹세하시기를 여호와가 아말렉과 더불어 대대로 싸우리라 하셨다 하였더라."

모르드개는 자신이 유대인이라는 사실을 숨겨왔지만 하만과 싸우기 위해 자신이 유대인이라는 사실을 밝히고 그를 적대시하고 절하지 않은 것입니다. 이 사실을 안 하만도 모르드개가 유대인이라는 사실에 분노하고 유대인 전부를 죽이려는 것입니다. 그렇다면 이것은 민족 간의 운명을 건 싸움인 셈입니다. 예전에 모르드개는 에스더에게 자기 민족의 정체성을 얘기하지 말라고 했지만 이제는 그 사실을 드러내면서 하만과 한판 붙겠다고 결심합니다.

그렇다면 이런 모르드개의 행동을 어떻게 평가할 수 있습니까? 어떤 사람은 모르드개처럼 대대로 원수처럼 살아온 민족은 상대하지 않는 게 신앙이 좋은 것으로 생각합니다. 우리가 과거 일본 강점기에 쌓인 역사적 증오와 분노 때문에 지금도 일본 사람들 개개인에 대해서 미워하는 감정을 표현하는 것도 이와 같은 선상에 있습니다. 하지만 이것은 잘못된 생각이며 표현방식입니다.

우리는 모르드개와 하만 사이에 불거진 민족 감정과 증오를 세상에 적용해 볼 수 있습니다.

우리가 세상 속에서 여러 사람들과 더불어 살아가더라도 세상에 속하면 안 되는 것처럼 민족적 앙금이 있더라도 인간적 예의는 반드시 지켜야 합니다. 하지만 모르드개는 그렇게 하지 않았는데 여기서 우리는 종교적 극단주의의 속성을 발견할 수 있습니다. 예수를 잘 믿는다는 명목으로 세상을 등지고 살아가는 것도 같은 맥락으로 해석할 수 있습니다. 우리는 세상에 속해 세상의 가치관을 따라가서는 안 되지만, 그렇다고 세상 자체를 부정한다면 그것은 현실을 부정하는 것입니다.

우리는 이런 점을 간과해서는 안 됩니다. 그가 절하지 않음으로 인해 그 나라에 살던 유대인이 모두 죽게 되었다는 것입니다. 이것은 오늘날 개인의 지나친 종교적 성향으로 인해 다른 그리스도인들과 기독교 전체의 이미지를 왜곡시키는 것과 같습니다.

사실 이것은 열등의식의 또 다른 표현입니다. 열등의식은 자신보다 나은 것과 비교하는 데서 나오는 것으로, 이 세상에 자기보다 나은 사람이 반드시 한 사람 이상은 존재하기 때문에 사실 열등의식이 없는 사람은 한 사람도 없습니다. 그렇기 때문에 다른 사람들에게서 많은 부러움을 받는 사람이라 하더라도 반드시 열등의식이 있게 마련입니다.

하지만 하나님이 인간을 창조하실 때는 우리를 다른 것들과 비교해야 할 존재로 만들지 않았습니다. 하나님은 우리를 비교의 대상인 '상품'으로 만드신 것이 아니라 하나님의 형상을 닮은 '작품'으로 만드신 것입니다. 그렇기 때문에 자존감을 갖고 용기 있게 살아가야 합니다.

이제 모르드개의 극단적인 종교적 신념과 행동 때문에 동족 전체가 죽임을 당하게 되었습니다. 하만도 자신에게 절하지 않는 모르드개가 유대인이라는 사실을 알고 유대인 전체를 죽이려고 생각하는데 이는 그야말로 정신병자의 판단과 다름없습니다. 히틀러의 유대인 학살도 이와 비슷한 사건입니다. 한 개인의 감정이 민족의 운명을 심각한 상황으로 몰아갈 수 있다는 사실을 우리는 항상 염두에 두어야 합니다.

결국 모르드개와 하만의 싸움은 민족 간의 싸움이 되어 버렸고, 유대인에게는 죽을 날만 기다리는 상황에 직면하게 되었습니다. 이런 일은 우리에게도 얼마든지 일어날 수 있습니다. 한 사람의 잘못으로 많은 사람들이 피해를 입는 일은 비일비재합니다. 우리는 민족이나 국가처럼 자신이 몸담고 있는 공동체와 관련된 문제가 생길 때마다, 그것이 자신과 어떤 연관이 있는가를 냉정하게 바라볼 수 있어야 합니다.

세상의 전략
체계적이고 위협적이며 정교한 공격

그러면 하만은 유대인 말살 계획을 어떤 식으로 추진합니까?

첫째, 유대인을 동시에 죽이기 위해 치밀한 계획을 세우되 그날짜를 정하는 것은 제비뽑기에 의존하고 있습니다. 이는 많은 정치가들이 무속인에게 정치를 의존하는 것과 같습니다. 이렇게 해서 날짜가 10월로 정해졌는데 제비를 뽑던 시점이 아하수에로 왕 12년 정월이었기 때문에 1년 동안 철저히 준비할 수 있었습니다.

하지만 하만이 페르시아 제국의 총리라는 막강한 권세를 지니고 있고 유대인을 말살할 날짜까지 정해 두었지만 계획을 실행하려면 왕의 허가를 받아야만 했습니다. 그래서 그는 최고 권력자인 왕의 매수 전략을 사용합니다. 에스더서 3장 8절을 보십시오.

"하만이 아하수에로 왕에게 아뢰되 한 민족이 왕의 나라 각 지방 백성 중에 흩어져 거하는데 그 법률이 만민의 것과 달라서 왕의 법률을 지키지 아니하오니 용납하는 것이 왕에게 무익하니이다."

하만은 죽임을 당하는 민족을 구체적으로 언급하지 않고 단지 "한 민족"이라고만 표현했습니다. 그러고 나서 그 민족이 왕의 말을 듣지 않는 민족이라고 왜곡하고 왕에게 뇌물을 바칩니다. 그는 제국을 다스리는 왕이 가장 우려할 만한 요소를 부각시키는 동시에 대대로 이어진 민족 간의 원한 때문에 유대인을 멸하려는 자신의 사사로운 의도는 감추었습니다. 이런 하만의 계략은 세상 사람들의 관점에서 보면 매우 지혜롭게 보이기도 합니다.

이것만으로도 충분히 왕을 설득할 수 있었겠지만 하만은 여기에다 한 술 더 떠서 보다 확실한 도장을 받고 싶어 합니다. 그래서 그는 왕에게 조서를 내리길 청하고 뇌물까지 바쳐 전국의 모든 유대인을 도륙할 완벽한 청사진을 완성합니다.

> "왕이 옳게 여기시거든 조서를 내려 그들을 진멸하소서 내가 은 일만 달란트를 왕의 일을 맡은 자의 손에 맡겨 왕의 금고에 드리리이다 하니"(에 3:9).

당시 페르시아 왕의 1년 수입이 1만 5,000달란트였는데 그는 1만 달란트의 뇌물을 바칩니다. 이는 왕이 1년 동안 벌 수 있는 돈의 삼분의 이에 해당하는 거금입니다. 최고 권력자가 이렇게 쉽게 돈에 매수된 것을 보면 당시에도 돈이면 웬만한 일이 다 해결되었던 것 같습니다. 이것은 분명 하나님의 백성들이 세상으로 나아갈 때 부딪히게 되는 가장 큰 위협 가운데 하나입니다.

역시 뇌물의 힘은 컸습니다. 왕은 반지를 빼어 하만에게 주었는데 이는 그 사안에 한해 왕의 권력을 하만에게 맡긴다는 뜻입니다. 반지를 주면서 왕은 하만에게 "너의 소견에 좋을 대로 행하라"(에 3:11)고 합니다. 그리고 민족의 운명이 걸린 절정의 순간이 다가오면서 성경은 "유다인의 대적"(에 3:10)이라는 표현으로 하만의 정체성을 구체적으로 보여줍니다.

"왕이 반지를 손에서 빼어 유다인의 대적 곧 아각 사람 함므다다의 아들 하만에게 주며 이르되 그 은을 네게 주고 그 백성도 그리하노니 너의 소견에 좋을 대로 행하라 하더라"(에 3:10~11).

왕을 설득하는 데 성공한 하만은 부하들을 시켜 왕의 이름으로 조서를 쓰고 왕의 반지로 도장을 찍은 뒤에 전국에 알리기 시작합니다. 자신이 정한 날짜에 유대인을 모두 죽이고 재산을 빼앗으라고 명령을 내린 것입니다.

유대인은 영락없이 모두 죽게 되었습니다. 왕의 이름으로 조서가 만들어졌고 법으로 공포되었으며 하만이 유대인을 말살할 날을 미리 준비까지 하고 있었으니 이제 더 이상 희망이란 없어 보입니다.

어쩌면 페르시아 원주민뿐만 아니라 유대인을 제외한 다른 민족들까지 그날을 기다리며 유대인을 죽이고 재산을 빼앗기 위해 기다리고 있었는지도 모르겠습니다. 이제 유대인의 운명은 그야말로 바람 앞에 촛불이었습니다.

"첫째 달 십삼일에 왕의 서기관이 소집되어 하만의 명령을 따라 왕의 대신과 각 지방의 관리와 각 민족의 관원에게 아하수에로 왕의 이름으로 조서를 쓰되 곧 각 지방의 문자와 각 민족의 언어로 쓰고 왕의 반지로 인치니라 이에 그 조서를 역졸에게 맡겨 왕의 각 지방에 보내니 열두째 달 곧 아달월 십삼일 하루 동안에 모든 유다인을 젊은이 늙은이 어린이 여인들을 막론하고 죽이고 도륙하고 진멸하고 또 그 재산을 탈취하라 하였고 이 명령을 각 지방에 전하기 위하여 조서의 초본을 모든 민족에게 선포하여 그날을 위하여 준비하게 하라 하였더라"(에 3:12~14).

본문을 보면 유대인을 옭아맬 구체적 계획도 매우 치밀하고 정교하게 시행된 것을 볼 수 있습니다. 우선 회의 날짜를 정해 왕의 서기관이 소집되어 각 지방과 민족의 언어로 조서를 쓰고 왕의 결재를 받아 중앙은 물론 지방관과 민족 단위의 관원들에게 보냈습니다. 그리고 나서 역졸을 통해 각 지방으로 보내고 조서의 초본을 모든 민족들에게 선포하여 준비까지 하게 한 것입니다.

이렇게 볼 때 하만의 원한 또한 모르드개에 뒤지지 않는 것 같습니다. 이미 에스더서 3장 6절에서 "하만이 모르드개만 죽이는 것이 부족하다고 생각하고"와 같이 언급된 것만 봐도 그의 원한의 깊이를 짐작할 수 있습니다.

그러면 우리는 모르드개와 유대인이 만난 위기를 어떻게 판단해야 합니까? 이 위기는 민족 간의 자존심 싸움입니다. 하지만 그 싸움은 모르드개의 굽히지 않는 태도 때문에 일어났습니다. 이런 태도는 정의로운 태도가 아니라 미련한 행동입니다. 우리는 이런 문제가 생기면 자신은 아무 잘못이 없다고 생각하며 남의 탓으로 돌리기보다 문제의 원인을 생각하고 해결해야 합니다. 자신이 하나님을 믿는다고 해서 믿지 않는 사람들이 무조건 잘못하고 있는 것이라고 섣불리 단정하는 일은 매우 위험한 생각입니다.

위기를 기회로 바꾸는 하나님
굴복하지 않고 세상으로 나아가기

그러면 우리는 본문을 통해서 어떤 교훈을 얻을 수 있습니까? 세상은 끊임없이 우리에게 절하기를 요구합니다. 그것이 바로 세상이 원하는 자존심입니다. 이에 대해 그리스도인들은 세상의 요구를 세속적인 것으로 규정하고 절대 굽히지 않는 것이 지조 있는 태도라고 생각합니다. 하지만 그것은 잘못된 태도이며 교만한 자세입니다.

세상에 굴복하는 것과 세상으로 나아가는 것은 전혀 다른 문제입니다. 우리는 믿는 사람들과 믿지 않는 사람들이 역사적으로 함께 만들어 온 규범과 윤리를 지켜야 합니다. 하지만 세속에 매몰되어서는 안 될 것입니다. 무엇에 절해야 할지와 절하지 말아야 할지를 분명히 알고 있다면, 우리는 세상에 타협하지 않고 하나님의 능력을 힘입어 세속적인 문화와 정신을 바꿔나갈 수 있습니다.

이 세상에는 그리스도인들만 존재하는 게 아닙니다. 믿지 않는 사람들과 더불어 살아가는 이 세상에서 하나님의 백성으로 살아가려면 우선 세상의 윤리와 규범을 따르십시오. 그것은 세상에 굴복하는 것과는 다릅니다. 세상 속의 그리스도인으로 살아가지만 세상에 속해서는 안 된다는 사실을 항상 염두에 두며 살아가야 합니다.

그리스도인이 편협하고 속이 좁은 사람으로 인식되는 것은 좋지 않습니다. 너그럽고 대범하게 사람들을 포용하되 하나님이 정해주신 기준을 지키며 살아가십시오. 세상 속으로 나아간다는 명목으로 하나님 앞에서 정한 기준을 쉽게 포기하거나 어긴다면 이 또한 심각한 문제가 될 수 있습니다. 그렇기 때문에 하나님의 사람으로 세상에서 승리하기가 그만큼 어려운 것입니다.

또한 아무리 작은 잘못이라 하더라도 자신의 그릇된 행동이 큰 위기를 불러올 수 있다는 것을 항상 기억하십시오. 페르시아 제국의 유대인이 위기를 만나게 된 것은 모르드개라는 한 사람의 잘못 때문이었습니다. 그리스도인은 세상으로부터 위협을 받고 살 수밖에 없습니다. 하지만 사소한 일로 위기를 자초하는 것은 바람직하지 않습니다.

문제는 현대를 살아가는 우리는 종종 이런 실수를 범하고 원치 않지만 본문의 유대인처럼 심각한 위기 상황을 맞게 된다는 것입니다. 그렇다면 이런 상황에서 우리는 어떤 자세를 취해야 합니까?

우리를 끝까지 사랑하시는 하나님을 기억하십시오. 하나님은 실수한 인간을 그냥 버리지 않으시고 끝까지 함께해 주십니다. 인간의 실수로 벌어진 일들을 새로운 역사의 장으로 만드시는 하나님을 기억하십시오. 그리고 겸손하게 무릎을 꿇고 하나님께 맡기십시오. 하나님의 시각으로 그 문제를 다시 생각하십시오. 하나님께 모든 것을 맡기되 자신의 잘못을 합리화하지 말고 철저히 회개하는 투명한 자세로 나아가십시오.

세상의 위협에 대하여 항상 준비하며 살아가되 위협을 느낄 때마다 그 위기가 자신의 잘못으로 시작된 것은 아닌지 돌이켜 보십시오. 그리고 위기 상황이 닥치더라도 하나님이 그를 통해 주실 교훈을 겸손하게 기대하며 구하십시오. 그러면 우리의 연약함을 아시는 하나님께서 위기 상황을 극복할 힘을 주시는 것은 물론이고 세상을 이길 권세를 주실 것입니다.

4장

세상을 바꾼 사람들

모르드개가 이 모든 일을 알고 자기의 옷을 찢고 굵은 베 옷을 입고 재를 뒤집어 쓰고 성 중에 나가서 대성 통곡하며 대궐 문 앞까지 이르렀으니 굵은 베 옷을 입은 자는 대궐 문에 들어가지 못함이라 왕의 명령과 조서가 각 지방에 이르매 유다인이 크게 애통하여 금식하며 울며 부르짖고 굵은 베 옷을 입고 재에 누운 자가 무수하더라 에스더의 시녀와 내시가 나아와 전하니 왕후가 매우 근심하여 입을 의복을 모르드개에게 보내어 그 굵은 베 옷을 벗기고자 하나 모르드개가 받지 아니하는지라 에스더가 왕의 어명으로 자기에게 가까이 있는 내시 하닥을 불러 명령하여 모르드개에게 가서 이것이 무슨 일이며 무엇 때문인가 알아보라 하매 하닥이 대궐 문 앞 성 중 광장에 있는 모르드개에게 이르니 모르드개가 자기가 당한 모든 일과 하만이 유다인을 멸하려고 왕의 금고에 바치기로 한 은의 정확한 액수를 하닥에게 말하고 또 유다인을 진멸하라고 수산 궁에서 내린 조서 초본을 하닥에게 주어 에스더에게 보여 알게 하고 또 그에게 부탁하여 왕에게 나아가서 그 앞에서 자기 민족을 위하여 간절히 구하라 하니 하닥이 돌아와 모르드개의 말을 에스더에게 알리매 에스더가 하닥에게 이르되 너는 모르드개에게 전하기를 왕의 신하들과 왕의 각 지방 백성이 다 알거니와 남녀를 막론하고 부름을 받지 아니하고 안뜰에 들어가서 왕에게 나가면 오직 죽이는 법이요 왕이 그 자에게 금 규를 내밀어야 살 것이라 이제 내가 부름을 입어 왕에게 나가지 못한 지가 이미 삼십 일이라 하라 하니라 그가 에스더의 말을 모르드개에게 전하매 모르드개가 그를 시켜 에스더에게 회답하되 너는 왕궁에 있으니 모든 유다인 중에 홀로 목숨을 건지리라 생각하지 말라 이 때에 네가 만일 잠잠하여 말이 없으면 유다인은 다른 데로 말미암아 놓임과 구원을 얻으려니와 너와 네 아버지 집은 멸망하리라 네가 왕후의 자리를 얻은 것이 이때를 위함이 아닌지 누가 알겠느냐 하니 에스더가 모르드개에게 회답하여 이르되 당신은 가서 수산에 있는 유다인을 다 모으고 나를 위하여 금식하되 밤낮 삼 일을 먹지도 말고 마시지도 마소서 나도 나의 시녀와 더불어 이렇게 금식한 후에 규례를 어기고 왕에게 나아가리니 죽으면 죽으리이다 하니라 모르드개가 가서 에스더가 명령한 대로 다 행하니라(에 4:1~17).

유대인 살육 프로젝트 가동
위기를 맞이하는 사람들의 방식

민족 간의 원한이 깊으면 그것은 민족에 속한 사람들에게도 많은 영향을 미칩니다. 본문에 등장하는 모르드개와 하만처럼 민족의 운명이 걸린 문제로 발전하여 피를 부르는 살육으로 이어지기도 합니다.

본문은 에스더서 3장에 이어 하만의 유대인 살육 프로젝트가 본 궤도에 오른 시점에서 벌어지는 일을 다루고 있습니다. 하만의 공세에 대한 모르드개의 반응이 연출되고 있는 것입니다. 아무도 빠져나갈 수도 없고 바뀔 수도 없을 것 같은 칙령이 내려졌고 유다인은 이제 하루하루 죽음과 같은 공포를 맛보고 있습니다. 페르시아의 수도 수산은 유대인의 울부짖음으로 어수선합니다.

에스더서 3장의 마지막 부분은 우리에게 많은 것을 느끼게 합니다.

> "역졸이 왕의 명령을 받들어 급히 나가매 그 조서가 도성 수산에도 반포되니 왕은 하만과 앉아 마시되 수산 성은 어지럽더라"(에 3:15).

여기서 "왕과 하만이 함께 앉아 마신다"는 말과 "수산 성은 어지럽더라"는 말은 강한 대조를 이룹니다. 수산 성이 어지럽다는 것은 그곳에 사는 유대인은 물론 많은 사람들에게도 불안감을 주었다는 말입니다. 결국 제국의 최고 지도자들인 두 사람은 국민을 불안하게 하는 정치를 하고 있습니다. 국민은 힘들어하는 데도 자신들은 의기투합하여 앉아 술을 마시고 있는 것입니다. 그들은 국민을 위한 정치를 하는 것이 아니라 자신들의 유익과 입장만을 고려한 그릇된 정치를 하고 있습니다.

그들이 국민의 마음을 불안하게 하는 정치를 하게 된 것은 하만의 유대인에 대한 증오심과 아하수에로 왕의 어리석음 때문이었습니다. 총리라면 아무리 개인과 민족을 미워한다 하더라도 그것에 얽매일 것이 아니라 국민의 안정과 번영을 위한 정치를 해야 했습니다. 하지만 그는 유대인 한 사람이 절하지 않는다고 대대로 이어온 민족 감정을 드러내고 유대인 전체를 죽이려고 계획합니다. 이는 정치가로서의 그의 그릇을 단적으로 보여줍니다.

왕은 아무리 총리의 건의라 하더라도 한 민족의 운명이 걸린 문제를 너무 쉽게 처리합니다. 그는 그 민족이 어느 민족인지도 알려고 하지 않을뿐더러 문제의 배경이나 경중에 대해서도 확인하려고 하지 않습니다. 단지 왕의 자존심과 위엄을 손상시켰다는 총리의 말을 무조건 믿고 여기에 뇌물까지 받으며 모든 것을 하만에게 맡겨 버립니다. 그는 대 제국의 지배자였지만 민심을 제대로 살피지도 못하고 총리에게 자기 인장까지 내어준 것을 보면 그가 얼마나 어리석은 왕인가를 알 수 있습니다.

증오심으로 가득 찬 총리와 어리석은 왕이 만나서 자기들끼리는 좋아서 함께 마시고 있지만 정작 그들은 수많은 백성들이 불안해하는 것은 모르고 있습니다. 여러 민족과 국가를 정복하면서 다민족 국가를 이루게 되었다면 더욱더 국민 전체의 상황을 예의주시해야 했음에도 그들은 그런 상황을 제대로 살피고 있지 않습니다.

이것은 정치인들뿐만 사회 각 분야의 책임자들이 맡겨진 일을 어떤 자세로 감당해야 하는가에 대한 본보기를 보여줍니다. 몇 사람의 그릇된 생각이, 특히 그 중에서도 지도층에 있는 사람들의 잘못된 판단이 많은 사람들을 불안하게 한다는 것을 항상 기억해야 합니다.

빠져나갈 수 없는 상황
인간적 방법을 포기할 때 개입하시는 하나님

하지만 우리가 이미 확인한 것처럼 이 사건은 상사를 인정하지 않는 모르드개의 행동 때문에 일어났습니다. 그리고 이로 인해 유대인 전체가 학살당할 상황에 놓인 것입니다. 유대인이 죽음을 맞이할 날이 정해졌고 그 내용이 각 지역에 전달되었습니다. 이것은 유대인의 역사에서 가장 큰 위기 가운데 하나입니다.

이런 위기 상황에서 피할 길이라곤 없어 보입니다. 이미 왕의 인장이 찍힌 조서가 각 지역으로 전달된 상황에서 모든 사람들이 유대인을 주시하고 있었을 겁니다. 관원들은 물론이고 주변 사람들까지 이 사건이 어떻게 전개될지 예측하면서 유대인의 행동을 관찰하고 있었겠지요. 또한 각 지역과 민족의 언어로 공포된 상황에서 127개 지역이나 되는 넓은 땅덩어리를 지나 다른 나라로 도망치기도 쉽지 않았을 것입니다.

이스라엘로 돌아간다고 해도 그 땅 역시 아하수에로 왕에게 속해 있었습니다. 이들은 어쩌면 나라가 망한 이후 가장 큰 민족적 위기를 만난 것입니다.

그렇다면 아무런 대안이 보이지 않는 상황에서 이들은 이 위기를 어떻게 극복할 수 있을까요? 만일 우리가 이와 같은 위기 상황을 맞게 되었다면, 이것을 어떻게 극복할 수 있을까요?

사실 이런 상황을 만나면 대부분의 사람들은 감당할 수 없을 것 같은 상황 앞에서 좌절하거나 포기하고 맙니다. 하지만 '난세의 영웅'이라는 말이 있습니다. 평온할 때 영웅이 나오기보다 위기 때 영웅이 나오기 쉽습니다. 이것은 아무리 어려운 위기 상황이라 하더라도 극복할 방법이 있다는 말입니다. 그러면 이런 위기를 어떻게 극복할 수 있습니까?

만일 모르드개가 에스더의 힘을 빌려 자기만 살려고 했다면, 혹은 하만에게 찾아가 충성 맹세를 하고 유대인의 세계관을 포기했다면 어떻게 되었을까요? 또 유대인 전체가 페르시아를 떠나 다른 곳으로 도망치려고 했다면 어떤 일이 벌어졌을까요? 첫 번째와 두 번째 경우처럼 모르드개가 이기적으로 행동하거나 자신의 정체성을 포기했다 하더라도 그는 결국 하만에게 죽임을 당했을 것입니다. 그리고 유대인이 집단 탈출을 감행했다면 하만은 기회를 놓치지 않고 군대를 일으켜 모든 유대인을 몰살했을 것입니다.

본문의 핵심은 모르드개를 포함한 모든 유대인이 인간적인 방법을 포기했다는 데 있습니다. 그들은 자신들이 더 이상 아무것도 할 수 없다는 사실을 누구보다 잘 알고 있었습니다. 그래서 가장 겸손한 자세로 하나님의 도움을 구했습니다.

하지만 그들은 불타는 집을 바라보며 기도만 하고 있지는 않았습니다. 모르드개는 불을 끌 수 있는 사람이 누군지 정확히 알고 있었고 화재를 해결하기 위해 119를 누르듯이 그는 에스더에게 임박한 위기 상황을 전합니다. 그리고 그때부터 하나님은 자신의 방법으로 문제에 개입하시며 상황을 역전시키기 시작하십니다.

이 시점에서 우리는 이런 치명적 위기 상황을 극복한 사람들이 어떻게 움직였는지 구체적으로 살펴보면서 그들에게 배워야 합니다. 그들이 이런 상황에서 어떤 판단과 행동을 했는지 살펴보십시오. 그들의 삶을 통해 우리는 위기 상황에 대처하는 방법을 배울 수 있습니다.

성경이 하나님의 세계를 계시로 보여주는 것이라면, 그것은 계시된 삶의 현장에서 살아가는 사람들이 어떻게 살아가야 할지를 보여주는 것이기도 합니다. 이런 점에서 절체절명의 위기를 돌파하고 역사의 한 획을 그은 위대한 인물들의 삶을 들여다보는 것은 매우 중요합니다.

그러면 본문의 등장인물들은 자신에게 닥친 엄청난 위기 상황을 어떻게 극복했습니까?

위기를 돌파한 사람 1
모르드개 케이스

먼저 모르드개부터 살펴보겠습니다. 그는 자신의 섣부른 행동 때문에 민족 전체가 위기에 빠졌다는 것을 깨닫게 되었습니다. 비록 조서가 내려지고 나서야 위기 상황을 알게 되었지만 늦게라도 그가 상황을 정확하게 파악했다는 사실은 매우 중요합니다. 이것은 에스더서 4장 1절에 잘 나타나 있습니다.

"모르드개가 이 모든 일을 알고 자기의 옷을 찢고 굵은 베 옷을 입고 재를 뒤집어쓰고 성 중에 나가서 대성 통곡하며."

모르드개는 하만의 계획이 시행만 남겨진 상황에서 자신과 동족 전체에게 위기가 닥친 것을 깨닫게 되었습니다. 문지기에 불과한 데다, 타 민족에 의해 나라가 멸망당하고 이국으로 끌려온 사람이 제국의 총리에게 뻣뻣이 고개를 들고 자존심을 지키려다 민족 전체를 위기로 몰아넣은 것입니다.

유대인 말살 계획이 속속 진행될 때까지 그가 위기 상황을 알지 못했다는 사실은 하만이 주도면밀하게 일을 진행한 것도 있겠지만, 모르드개가 그만큼 상황 파악을 하지 못했다는 말도 됩니다. 예를 들어 모르드개는 자신이 아말렉 족속에 대해 증오심을 갖고 있는 것처럼, 하만 또한 유대인에 대한 증오를 갖고 있을 것이라는 생각은 미처 하지 못했을 겁니다. 어쩌면 유대인을 증오하더라도 하만이 어쩌지 못할 것이라고 생각했을지도 모르겠습니다. 이것은 세상의 시스템을 제대로 모르는 사람들에게서 나타나는 전형적인 모습입니다.

하지만 그나마 다행인 것은 그가 말살 계획이 시행되기 직전에라도 위기 상황을 깨닫게 되었다는 사실입니다. 사람들은 자신이 놓여진 처지와 위기를 제대로 읽지 못하면 위기 극복에 대한 필요성을 느끼지 못합니다. 이 세상에서 가장 불쌍한 사람이 누구입니까? 바로 시대적 위기를 느끼지 못하는 사람입니다. "아니 이렇게 아무 일도 없는데 위기 상황이라니 도대체 무슨 말을 하는지 모르겠군." 하고 비아냥거리는 사람이 있다면 그는 정말 불쌍한 사람입니다.

우리가 살고 있는 이 세상은 평온한 상황입니까, 아니면 위기 상황입니까? 하나님을 따르는 의인들이 상한 심령으로 기도하고 있다는 것은 이 세상이 위기를 맞고 있다는 증거입니다. 이것은 오늘날 우리 정치와 경제 상황을 말하는 것이 아닙니다. 곳곳에서 하나님 없이도 잘살 수 있다는 사람들이 많이 나타나고 있습니다. 하지만 그들의 결말은 심판입니다. 그들이 그 사실을 모르고 오늘의 풍족함에 매몰되어 살아간다면 얼마나 불행한 일입니까?

이제 위기의 실상을 알게 된 모르드개는 위기를 돌파하기 위해 구체적으로 움직입니다. 그는 자신이 무엇을 해야 하는지 정확하게 알고 있었습니다. 에스더서 4장 1~2절을 보십시오.

"모르드개가 이 모든 일을 알고 자기의 옷을 찢고 굵은 베 옷을 입고 재를 뒤집어쓰고 성 중에 나가서 대성 통곡하며 대궐 문 앞까지 이르렀으니 굵은 베 옷을 입은 자는 대궐 문에 들어가지 못함이라."

이런 분위기는 요나서 3장에 기록된 니느웨 백성들과 왕이 회개할 때의 모습을 연상하게 합니다. 그는 울었습니다. 울어야 할 때는 울어야 하고 웃어야 할 때는 웃어야 합니다. 시대를 읽지 못하는 사람은 웃어야 할 때와 울어야 할 때를 구분하지 못합니다. 하지만 시대를 읽는 사람은 그 시기와 방법을 정확하게 알고 있습니다.

그 다음에 그는 무엇을 했습니까? 에스더서 4장 3절을 보십시오.

"왕의 명령과 조서가 각 지방에 이르매 유다인이 크게 애통하여 금식하며 울며 부르짖고 굵은 베 옷을 입고 재에 누운 자가 무수하더라."

아마도 이것은 모르드개가 주도했을 가능성이 큽니다. 그와 함께 대궐 문 앞에 이른 유대인은 한결 같이 금식을 하고 있습니다. 그는 시대를 읽기만 한 것이 아니라 자신이 깨달은 바를 행동으로 옮깁니다. 그것은 금식기도로 표현됩니다.

금식기도는 순복음교회나 오산리기도원의 전유물이 아닙니다. 위기가 닥쳤을 때 그리스도인들은 식사를 금하고 기도할 수 있어야 합니다. 금식은 음식을 안 먹는 것만을 말하는 게 아니라 마음을 절제하는 것입니다. 자신의 영적 상태를 냉철하게 살펴보는 것입니다. 이처럼 그 어떤 것도 기도보다 앞서서는 안 됩니다.

이어서 모르드개는 자신의 체면을 던져버렸습니다. 그는 옷을 찢고 굵은 베 옷을 입었으며 재를 뒤집어썼습니다. 그러고 나서 성 중에 나가서 대성 통곡했습니다. 이런 행동은 제정신으로는 하기 힘든 것입니다. 그가 이런 행동을 할 수 있었던 것은 민족 전체가 위태로운 상황에 빠져 있었기 때문입니다. 위기를 모르는 사람들은 모르드개와 유대인이 행동한 것과 같은 절실함을 이해하지 못합니다.

이렇게 볼 때 에스더가 모르드개에게 의복을 갖다 준 것은 그녀가 위기의 심각성을 깨닫지 못했기 때문입니다. 물론 궁중의 관리들도 이러한 위기 상황을 이해하지 못했습니다. 그들은 어쩌면 밖에서 울고 있는 사람들을 재미있게 구경했을지도 모릅니다.

민족의 운명이 풍전등화의 상황에 놓인 유대인은 굵은 베 옷을 입고 통곡합니다. 비록 모르드개 한 사람 때문에 일어난 일이기는 하지만 당시 유대인은 누구나 모르드개와 비슷한 생각을 하고 있었을 겁니다. 하지만 직접 행동으로 옮기지는 못하던 차에 모르드개가 꿋꿋하게 민족의 자존심을 세워 나가자 속으로는 흐뭇하게 생각했을지도 모릅니다. 대제국의 왕후까지 나온 가문은 뭐가 달라도 다르다고 하면서 모르드개를 칭찬하며 그에게 의지하려고 했을지도 모릅니다.

그러나 이제 그들은 모르드개로 인해 생명이 끊어질 위기에 처하고 그때서야 하나님께 매달립니다. 모르드개를 원망하거나 그에게 책임을 묻는다고 해서 해결될 문제가 아니라는 사실을 깨닫고는 모두가 합심해서 하나님께 기도합니다.

가장 낮은 모습과 태도로 그들은 지금까지 자신들이 잡고 있던 민족의 조타수를 하나님께 맡깁니다. 이렇게 하나님은 가난하고 겸손한 마음으로 자신을 맡길 때, 애통하는 심정으로 하나님 앞에서 통곡할 때 가장 크게 다가오십니다.

위기를 돌파한 사람 2
에스더 케이스

에스더는 사촌오빠인 모르드개와 유대인이 애통하고 금식하는 모습을 보고도 위기의식을 느끼지 못했습니다. 그것은 그녀가 모르드개에게 새 옷을 보내 그가 입고 있던 굵은 베 옷을 갈아입도록 하는 것을 통해 파악할 수 있습니다.

그 뒤 에스더는 모르드개가 자신이 보낸 의복을 받지 않자 자기의 비서 격인 내시 하닥을 그에게 보내 무슨 일이 있는지 알아보려고 합니다. 어떻게 보면 왕후가 일반 백성들의 상황을 곧바로 파악하지 못할 정도로 언로가 차단되어 있었을 수도 있지만, 에스더가 모르드개에게 유대인의 전통과 율법을 배웠다면 지금의 상황이 얼마나 심각한 상황임을 깨달았어야 했습니다. 하지만 그녀는 동족들의 복장과 행위를 보고도 그것을 깨닫지 못할 정도로 영적으로 둔감한 상태였습니다. 이런 상황은 에스더 4장 5절에 잘 나타나 있습니다.

"에스더가 왕의 어명으로 자기에게 가까이 있는 내시 하닥을 불러 명령하여 모르드개에게 가서 이것이 무슨 일이며 무엇 때문인가 알아보라 하매."

이때 모르드개는 동족이 처한 상황을 내시 하닥을 통해 에스더에게 전합니다. 그는 수산 궁에서 내린 조서를 에스더에게 보여주라고 합니다. 그리고 에스더에게 왕에게 나아가서 자기 민족을 위해 왕에게 간절히 구하라고 합니다.

예전에 모르드개는 에스더가 유대인이라는 사실을 숨기라고 했습니다. 하지만 이제는 숨길 이유가 없습니다. 그는 이제 모험을 할 수밖에 없는 절박한 처지에 놓여 있습니다. 성 앞에서 대성 통곡하는 일이나 하닥에게 일의 전모를 말하는 것이나 왕에게 가서 민족을 위해 구하라고 에스더에게 말하는 것 모두가 사실 매우 위험한 시도입니다.

예를 들어 모르드개는 금식하느라 문지기로서의 직무를 제대로 이행하지 않고 있는 데다 하닥에게 전모를 알렸을 때 그 내용이 하만에게 전해질 수 있는 위험성도 있었으며 에스더에게 알리는 것조차 윗선에 줄을 대려는 것으로 간주되어 엄벌에 처해질 수도 있었습니다. 하지만 그는 동족을 살리기 위해서는 자신의 자존심이나 목숨이나 체면을 따질 겨를이 없었습니다. 그는 오직 앞으로 나아가는 길밖에 없었습니다.

모르드개가 동족들과 함께 나아갔을 때, 그는 자신과 동족이 열심히 노력하고 반성하는 모습을 보이면 민족 전체가 도륙되는 일은 피할 것이라는 인간적인 생각으로 행동했던 게 아닙니다. 에스더서 4장 14절을 보십시오.

"이 때에 네가 만일 잠잠하여 말이 없으면 유다인은 다른 데로 말미암아 놓임과 구원을 얻으려니와 네 아버지 집은 멸망하리라 네가 왕후의 자리를 얻은 것이 이때를 위함이 아닌지 누가 알겠느냐 하니."

이 말은 마치 로마서에서 "내가 저주를 받을지라도 내 민족이 구원받기를 바란다."고 한 바울의 말을 연상하게 합니다. 모르드개는 에스더가 왕에게 나아가지 않는다 하더라도 하나님께서 자기 민족을 다른 방법으로 구하실 것이라는 확신이 있었습니다. 하나님이 자기 백성을 그냥 죽게 내버려두시지 않을 것이라는 확신 말입니다.

이런 모르드개의 자세는 에스더서 초반부의 무례한 태도와는 매우 대조적입니다. 사촌동생 에스더의 권세에 기대어 자기만 살려고 발버둥치지 않고 민족에게 닥친 위기를 함께 극복하려고 노력합니다. 그의 이런 자세와 희생이 임박한 위기를 구원으로 바꾼 것입니다.

앞에서도 살펴보았지만 하만의 유대인 말살 계획은 매우 은밀히 진행된 것 같습니다. 그렇기 때문에 사건의 발단이 된 모르드개도 몰랐고 심지어 왕을 가장 지근거리에서 보좌하는 왕후 에스더도 몰랐던 것 같습니다. 그녀는 모르드개와 유대인이 굵은 베 옷을 입고 재를 뒤집어쓴 채 성 중에 나가서 대성 통곡했을 때 그 이유를 확인하는 과정에서 민족의 위기 상황을 알게 됩니다.

에스더는 궁 안에 있었기 때문에 바깥에서 일어나는 상황에 대해 잘 몰랐던 것 같습니다. 모르드개로부터 직접 상황 설명을 듣지 못한 것으로 볼 때 입궁한 뒤에는 모르드개와 그다지 자주 왕래하지도 않았던 것 같습니다. 하지만 문제를 감지했을 때 그녀는 그 이유와 배경을 알기 위해 노력했습니다. 그래서 모르드개에게 옷을 보냈으며 문제가 더 심각하다는 사실을 깨닫고 그것이 뭔지 확인하려고 하닥을 보냅니다.

이제 에스더는 하닥을 통해 유대인에게 닥친 위기의 진상을 알게 되었고 모르드개로부터 동족을 구해달라는 부탁을 받게 됩니다. 하지만 그 부탁을 받아들여 시행하기란 결코 쉬운 일이 아니었습니다. 아무리 왕후라고 해도 자기 마음대로 왕을 만나러 갈 수 없는 것이 당시의 법이었습니다. 뿐만 아니라 왕 앞에 나아간 지가 30일이 되었습니다. 그렇기 때문에 어느 정도 왕의 시야에서 멀어져 있던 상태였습니다.

그래서 에스더는 하닥을 통해 자신의 어려운 사정을 모르드개에게 전합니다. 모르드개와 동족이 위급한 상황에 처해 있다는 사실을 알고 있었지만 에스더는 목숨을 걸만큼 자신이 없었던 것 같습니다. 페르시아 왕궁의 법도를 알고 있던 에스더는 잘못하면 자신이 죽을 수도 있다는 생각에 매우 불안했을 것입니다. 그래서 자신이 처한 상황을 있는 그대로 모르드개에게 전한 것입니다. 이것은 그녀가 모르드개를 그만큼 신뢰하고 의지했다는 것을 의미합니다.

자신은 대 제국의 왕후가 되었기 때문에 이제는 사촌오빠와 어느 정도 거리두기를 할 수도 있었습니다. 그리고 냉정하게 볼 때 모르드개는 너무 무리한 부탁을 하고 있습니다. 하지만 모르드개는 에스더가 그 일을 해야 한다고 강하게 주장합니다. 그러자 에스더는 죽을 결심을 하고 왕에게 나아가려고 합니다. 그리고 자기를 위하여 사흘 밤낮을 먹지도 말고 금식하라고 부탁하며, 자신도 사흘 동안 금식하고 왕에게 나아가겠다고 합니다.

그녀는 사촌오빠의 말을 듣고 인간적인 방법보다 하나님을 신뢰하게 되었습니다. 그녀가 금식하고 왕에게 나아간다는 것은 왕의 마음을 얻는 데는 효과적이지 않은 방법처럼 보입니다. 하지만 그녀는 사람의 비위를 맞추려고 노력하기보다 하나님이 원하시는 것이 무엇인가를 먼저 생각합니다. 그리고 하나님이 이 위기를 해결해 주실 것이라는 믿음을 갖고, 하나님이 원하시고 기뻐하시는 일들을 철저히 준비하고 시행했습니다.

위기를 돌파한 사람 3
유대인과 하닥 케이스

본문을 보면 유대인도 자신들에게 닥친 위기의 심각성을 인식하고 모르드개와 함께 베 옷을 입고 금식하고 애통하며 위기를 극복하는 데 동참했습니다. 그들은 모르드개가 하만에게 절하지 않은 일 때문에 문제가 시작되었다고 모르드개를 핍박할 수도 있었습니다. 지금 당장 하만에게 달려가 무릎을 꿇고 빌라고 윽박지를 수도 있었을 것입니다. 그것도 아니면 사촌동생인 에스더에게 이 위기를 알리고 구해 달라고 요청하라는 식으로 억압할 수도 있었을 것입니다. 하지만 그들은 모르드개를 중심으로 하나가 되어 인간적인 방법에 의지하기보다 애통하고 금식하며 합심하여 하나님께 나아갔습니다.

대부분의 사람들은 여럿이 함께 일하다가 위기를 맞게 되면 상대방의 잘못을 지적하거나 다른 사람이 나서서 문제를 해결해주길 기대합니다. 설령 자신이 해결할 수 있는 문제라 하더라도 다른 사람이 해결해주길 바라면서 자신의 직위나 힘을 이용해 억압하려고 합니다. 하지만 본문의 유대인은 모든 것을 하나님께 맡기고 철저하게 머리를 숙입니다. 그들이 위대한 점은 바로 이것입니다.

그리고 본문에서는 유대인 외에 하닥이라는 또 한 사람의 조연이 빛을 발합니다. 그는 에스더의 비서로 왕후의 심부름을 하는 사람이었습니다. 그는 자신의 일을 하는 과정에서 우연히 모르드개와 에스더의 대화를 중개하게 되었는데 이를 통해 사실상 매우 중요한 사건에 동참하게 됩니다.

비록 자신은 해야 할 일을 한 것이지만 그 일이 발각되게 되면 대화를 중개한 하닥도 죽음을 맞이할 수밖에 없었던 큰 사건이었습니다. 유대인의 살 길을 모색하는 대화를 중개한 것은 제국의 총리였던 하만을 대적하는 행위였기 때문입니다.

다른 한편으로 생각하면 모르드개와 에스더의 대화를 중개함으로써 그는 출세의 발판을 마련할 수도 있었습니다. 만일 그가 두 사람의 대화를 정리해서 총리 하만에게 보고했다고 생각해 보십시오. 아마 국가적인 영웅이 되고 출세를 보장받을 수도 있었을 것입니다. 하지만 그는 모르드개와 에스더 중간에서 두 사람의 대화를 있는 그대로 전달하는 역할만을 감당했습니다. 그는 성실하고 순수한 사람으로서 자기가 해야 할 일을 마친 뒤에 조용히 물러납니다.

이렇게 보면 에스더서의 무대에서 하닥은 매우 중요한 역할을 맡고 있습니다. 하닥이 없었다면 아마 이 사건은 아름다운 모습으로 완성되지 못했을 것입니다.

우리는 어떤 큰 사건을 보면서 주로 영웅들만을 생각하곤 합니다. 하지만 이름도 빛도 없이 자기 역할을 묵묵히 수행함으로써 하나님 나라의 큰 역할을 감당한 사람들은 참으로 많습니다. 평신도들이 안디옥 교회를 세워 사도 바울과 마가에게 자기 역할을 할 수 있도록 이끌어준 것처럼, 조연들이나 무명의 인물들이 역사를 움직일 만한 큰 역할을 감당한 예는 매우 많습니다.

하나의 목표를 향해 움직이는 사람들
세상 변혁을 향한 비전 키우기

결국 에스더서의 주인공인 모르드개와 에스더, 그리고 조연들인 유대인과 하닥 등의 노력으로 유대인 전체에 몰아닥친 위기 상황은 해소됩니다. 이들이 모두 한마음으로 하나님께 매달리고 자기 역할을 감당했기 때문에 유대인은 위기를 극복할 수 있었습니다.

모르드개 없이 에스더가 죽으면 죽으리라는 결심을 할 수 있었을까요? 에스더 없이 왕으로부터 유대인을 살리는 실질적인 구출 작업이 이뤄질 수 있었을까요? 하닥이 실력자 하만의 편에 서서 모르드개와 에스더 사이의 대화를 하만에게 보고했다면, 그들이 위대한 반전을 이뤄낼 수 있었을까요? 그리고 유대인이 한마음으로 금식기도에 동참하지 않았다면 그들이 맞은 위기의 심각성을 에스더에게 전달할 수 있었을까요?

이들이 위기를 벗어난 것은 어느 한 사람의 힘이 아니라, 모르드개와 에스더를 포함해서 그들 주변 사람들이 하나의 목표를 향하여 자기의 몫을 다했기 때문입니다. 이들이 한 사람이라도 제 역할을 하지 못했다면 위기 상황을 극복하지 못했을 것입니다.

하지만 여기서 가장 중요한 사실 하나를 간과하면 안 됩니다. 하나님이 이 드라마를 이끌어 가고 계신다는 사실입니다. 에스더서에서 벌어지는 상황은 언뜻 인간들이 주도해 나가는 것처럼 보입니다. 그러나 인간이 아무리 어떤 목적으로 갖고 노력한다 하더라도 하나님이 원치 않으시면 그것은 절대 성사될 수 없습니다. 유대인은 이런 사실을 알고 있었기에 위기 상황에서 금식했던 것입니다. 그들은 결국 하나님께 의존할 수 없다는 사실을 정확하게 알고 있었습니다.

우리는 이 세상을 바꾸어야 하는 소명을 가지고 살아가고 있습니다. 하지만 하만이 품었던 유대인을 향한 증오심으로 세상을 바꾸는 것은 비극적인 결과를 낳습니다. 그러므로 모르드개와 에스더와 하닥의 역할을 성실히 수행함으로써 세상을 바꿔 나가야 합니다.

누구나 다 모르드개가 될 수 없고 에스더가 될 수 없습니다. 하지만 하닥처럼 자신의 작은 일이 세상을 변화시킬 수 있다는 자신감을 가지십시오. 자신이 하나님 앞에서 품은 비전의 씨앗을 키워 그것이 꽃을 피우고 열매를 맺을 때, 그리고 그런 씨앗들이 하나둘 모여 들판을 이룰 때 세상 변혁은 점점 더 가까운 미래의 일이 될 것입니다.

5장

보이는 세상과 보이지 않는 세상

제삼일에 에스더가 왕후의 예복을 입고 왕궁 안 뜰 곧 어전 맞은편에 서니 왕이 어전에서 전 문을 대하여 왕좌에 앉았다가 왕후 에스더가 뜰에 선 것을 본즉 매우 사랑스러우므로 손에 잡았던 금 규를 그에게 내미니 에스더가 가까이 가서 금 규 끝을 만진지라 왕이 이르되 왕후 에스더여 그대의 소원이 무엇이며 요구가 무엇이냐 나라의 절반이라도 그대에게 주겠노라 하니 에스더가 이르되 오늘 내가 왕을 위하여 잔치를 베풀었사오니 왕이 좋게 여기시거든 하만과 함께 오소서 하니 왕이 이르되 에스더가 말한 대로 하도록 하만을 급히 부르라 하고 이에 왕이 하만과 함께 에스더가 베푼 잔치에 가니라 잔치의 술을 마실 때에 왕이 에스더에게 이르되 그대의 소청이 무엇이뇨 곧 허락하겠노라 그대의 요구가 무엇이뇨 나라의 절반이라 할지라도 시행하겠노라 하니 에스더가 대답하여 이르되 나의 소청, 나의 요구가 이러하니이다 내가 만일 왕의 목전에서 은혜를 입었고 왕이 내 소청을 허락하시며 내 요구를 시행하시기를 좋게 여기시면 내가 왕과 하만을 위하여 베푸는 잔치에 또 오소서 내일은 왕의 말씀대로 하리이다 하니라 그날 하만이 마음이 기뻐 즐거이 나오더니 모르드개가 대궐 문에 있어 일어나지도 아니하고 몸을 움직이지도 아니하는 것을 보고 매우 노하나 참고 집에 돌아와서 사람을 보내어 그의 친구들과 그의 아내 세레스를 청하여 자기의 큰 영광과 자녀가 많은 것과 왕이 자기를 들어 왕의 모든 지방관이나 신하들보다 높인 것을 다 말하고 또 하만이 이르되 왕후 에스더가 그 베푼 잔치에 왕과 함께 오기를 허락 받은 자는 나밖에 없었고 내일도 왕과 함께 청함을 받았느니라 그러나 유다 사람 모르드개가 대궐 문에 앉은 것을 보는 동안에는 이 모든 일이 만족하지 아니하도다 하니 그의 아내 세레스와 모든 친구들이 이르되 높이가 오십 규빗 되는 나무를 세우고 내일 왕에게 모르드개를 그 나무에 매달기를 구하고 왕과 함께 즐거이 잔치에 가소서 하니 하만이 그 말을 좋게 여기고 명령하여 나무를 세우니라(에 5:1~14).

왕에게 나아가는 에스더
하나님과 함께 내디딘 첫 발걸음

인간이라면 누구나 위험을 피하고 피해를 입지 않으려고 하는 나약하고 이기적인 본성을 갖고 있습니다. 그것은 시간이 아무리 흘러도 변하지 않는 진실입니다. 에스더서 4장에서 우리는 이런 나약한 인간의 본성을 목격했습니다. 모르드개와 유대인의 태도에서 그런 사실을 확인했고 에스더에게서도 찾아볼 수 있었습니다. 심지어 자신의 자존심과 권위에 손상을 입었다고 모르드개와 유대인을 몰살하려고 하는 하만의 모습을 통해서도 확인할 수 있습니다.

에스더서 4장에서 모르드개의 긴급한 협조 요청을 받은 에스더는 어떤 반응을 보입니까?

에스더는 처음에는 자신이 그 부탁을 들어줄 만큼 힘이 없다고 생각했습니다. 사실 누구나 에스더의 자리에 있었다면 비슷하게 생각했을 겁니다. 하지만 모르드개는 에스더의 나약한 생각에 일침을 가합니다. 에스더 또한 유대인이며 동족과 운명을 함께해야 한다는 사실을 일깨워 줍니다. 이에 에스더는 "죽으면 죽으리이다"(에 4:16)는 각오로 왕에게 나아가겠다는 굳은 의지를 보입니다.

우리는 에스더 하면 다른 것은 몰라도 "죽으면 죽이리이다"는 말은 기억하고 있습니다. 이 말은 에스더의 굳건한 신앙을 드러내는 말로 널리 알려졌습니다. 특히 우리나라에서는 일본 강점기 때 어려움을 겪었던 안이숙 여사의 《죽으면 죽으리라》는 책이 많이 읽혀지면서 이 말은 매우 유명해졌습니다.

하지만 이 말의 의도를 '어려움을 극복하는 방법'으로만 이해하면 원래 의도를 왜곡할 여지가 있습니다. "죽으면 죽으리이다"는 말은 진짜 죽을 일이 생기면 죽겠다는 것입니다. 살 가능성을 전제하는 게 아니라 죽어도 자신에게 맡겨진 일을 실천하겠다는 결의를 반영한 것입니다.

사도행전 12장을 보면 사도 야고보는 죽음을 당하고 베드로는 살아남게 됩니다. 두 사도들을 위해 많은 사람들이 기도했고 두 사람 모두 하나님을 향한 굳건한 믿음을 갖고 있었습니다. 성경은 이 두 사람 가운데 어느 한쪽이 믿음이 더 좋다고 말하지 않습니다. 하지만 우리 대부분은 야고보처럼 순교하기는 싫어합니다. 그냥 자기 수명대로 편안하게 살다가 고통 없이 죽고 싶어 합니다. 왜냐하면 우리는 대부분 하나님 나라를 자기중심적으로 생각하기 때문입니다.

그러므로 우리는 에스더가 금식기도를 했기 때문에 유대인이 죽음에서 구원받았다는 식으로 생각해서는 안 됩니다. "죽으면 죽으리이다"는 말에는 비록 자신이 죽는다 하더라도 하나님의 나라가 어떻게 실현될 것인지 보라는 교훈이 담겨 있습니다.

모험적 계획과 금식, 그리고 실천
행함의 위력

에스더서 4장의 무대는 궁궐 안팎을 오가며 유대인을 중심으로 전개되었습니다. 그것은 유대인을 섬멸한다는 소식을 듣고 대성 통곡하는 모르드개와 그 소식을 듣고 반응하는 에스더, 그리고 학살될 운명에 놓인 유대인의 슬픔을 그리고 있습니다. 하지만 우리는 에스더서 5장 본문에서 조금은 다른 성격의 분위기와 등장인물들을 만나게 됩니다.

에스더서 5장은 궁궐 밖에서의 사건이 아니라 궁궐 안에서 이루어지는 내용입니다. 에스더서 4장에서는 유대인이 주로 등장했는데 5장에서는 에스더가 커다란 역할을 하지만 아하수에로 왕과 총리 하만의 움직임이 중요합니다.

모르드개가 잠깐 나온 뒤에 한 번도 언급된 적이 없는 하만의 아내 세레스와 하만의 친구들이 하만을 부추기는 사람들로 등장합니다. 그 틈바구니 속에서 에스더의 외롭고 모험적인 행로가 진행됩니다. 다시 말해 5장은 왕과 하만이 크게 부각되는 가운데, 에스더의 아슬아슬한 역할이 보는 이들로 하여금 숨을 죽이게 합니다.

에스더가 왕후임에도 보는 이들의 가슴을 졸이게 하는 이유는, 그녀가 왕과 하만에 비해 매우 불안한 처지에 놓여 있기 때문입니다. 왕과 하만은 여유가 있습니다. 왕은 자신의 마음에 맞도록 정치를 잘해 주는 하만이 있고, 하만은 자신의 계획이 아무런 장애 없이 척척 진행되므로 여유가 있습니다. 그들은 각각 제국의 왕과 총리로서 권세를 부리는 입장이기 때문에 그야말로 여유로운 입장입니다.

반면에 에스더는 매우 불안한 행진을 하고 있습니다. 사흘 동안 금식한 상태로 왕에게 나아가는 일도 아름다운 여인을 좋아하는 왕에게 치명적 결격사유가 될 수 있습니다. 게다가 부름을 받아 가는 길이 아니라 허락 받지 않은 상황에서 죽음을 각오하고 가는 것이니 민족의 대 환난을 해결하기는커녕 자신의 생명조차 잃을 수도 있는 상황이었습니다. 설령 왕에게 나아갔을 때 왕이 금 규를 내밀어 생명을 구한다 하더라도 그가 유대인을 구해준다는 보장은 없습니다. 조서는 이미 전국에 배포되었고 유대인 살육 프로젝트는 이미 완성된 것이나 마찬가지였기 때문입니다. 그녀는 모든 면에서 어려운 입장에 놓여 있었습니다.

우선 에스더는 사흘 동안 시녀들과 함께 금식을 했습니다. 그의 결심이 얼마나 강렬한 것인지는 "죽으면 죽으리이다"는 말에 잘 드러나 있습니다. 그 사건이 벌어지기 전까지만 해도 에스더는 자신만 돌보고 걱정하면 되는 상황이었습니다. 하지만 이제 유대인 전체의 삶과 죽음을 그녀가 감당해야 할 처지에 놓이게 되었습니다. 비록 그 결과는 알 수 없지만 에스더는 마음을 굳게 먹고 이 문제에 직면하기로 결심했습니다.

하지만 결단보다 더 중요한 것은 그것을 실천하는 일입니다. 우리만 해도 마음먹은 것을 끝까지 실천하지 못하고 중단하는 경우가 많습니다. 실행하기란 그만큼 어렵습니다. 쉽게 장담하는 사람들은 많지만 그것을 행동으로 옮기는 사람들을 찾아보기 어려운 이유는, 행동은 현실

이기 때문입니다. 자신을 희생하지 않으면 행동으로 옮길 수 없습니다. 생각은 그것을 실천할 때 제 역할을 하는 것입니다.

우리는 정보의 시대를 살아가고 있기 때문에 다양한 지식과 정보를 통해 무엇이 옳고 그른지 그리고 어디로 가야 할지 잘 알고 있습니다. 하지만 알고만 있는 것으로는 시대를 움직일 수 없으며, 시대를 이끌어 나가려면 아는 것을 실천해야 합니다. 그럴 듯한 계획과 생각만으로는 결코 시대를 변혁할 수 없습니다. 에스더가 위대한 점은 "죽으면 죽으리이다"는 결심이 아니라 실제로 죽으러 왕에게 나아갔다는 데 있습니다. 이처럼 성경에 드러나는 믿음의 사건들과 교회의 역사는 생각만으로 이루어진 것이 아니라, 생각을 실천으로 옮긴 헌신적인 사람들에 의해 이루어졌다는 사실을 잊지 말아야 합니다.

행복해하는 두 사람
세상적인 행복에 사로잡힌 왕과 하만

이제 에스더는 왕을 만나러 갑니다. 아마 한 걸음 한 걸음이 죽음으로 다가가는 공포처럼 힘들고 어려웠을 것입니다. 그러나 에스더는 자신이 결심한 대로 행동에 옮깁니다. 이때 왕의 자세와 태도를 관찰해보면 에스더와는 매우 대조적이라는 사실을 발견할 수 있습니다. 에스더서 5장 1절을 보십시오.

"제삼일에 에스더가 왕후의 예복을 입고 왕궁 안 뜰 곧 어전 맞은편에

서니 왕이 어전에서 전 문을 대하여 왕좌에 앉았다가."

본문을 보면 왕후 에스더는 어전 맞은편에 섰고 왕은 왕좌에 앉았다는 기사가 나옵니다. 한 사람은 서 있고 한 사람은 앉아 있습니다. 이런 모습을 보며 우리는 별로 대수롭지 않게 생각하고 넘길 수도 있습니다. 하지만 서 있는 사람과 앉아 있는 사람의 차이는 삶과 죽음의 차이와도 같습니다. 앉아 있는 사람의 결정에 의해 서 있는 사람은 살 수도 죽을 수도 있습니다.

이처럼 앉아 있다는 표현은 왕의 위치를 구체적으로 드러내 보여줍니다. 하지만 이 위태로운 분위기는 금방 해소됩니다. 에스더서 5장 2절을 보십시오.

"왕후 에스더가 뜰에 선 것을 본즉 매우 사랑스러우므로 손에 잡았던 금 규를 그에게 내미니 에스더가 가까이 가서 금 규를 끝에 만진지라."

본문을 보면 왕후가 뜰에 선 것을 보고 왕이 매우 사랑스럽게 여겼다고 나와 있습니다. 사실 왕은 30일 동안 왕후를 부르지 않았습니다. 그것이 어떤 이유 때문인지는 모르나 왕후를 잊고 있었다는 것입니다. 그렇기 때문에 에스더도 왕이 자기를 보고 사랑스럽게 느낄지 여부를 확신할 수 없었을 겁니다. 하지만 왕은 에스더를 사랑스럽게 느껴 금 규를 내밀었을 뿐만 아니라 에스더에게 나라의 절반이라도 내어주겠다고 말합니다. 이것은 에스더를 본 왕이 사랑스러움의 정도가 어느 정도인지 직감할 수 있게 합니다. 왕은 사랑스러운 여인을 보고 무척 행복해하고 있습니다.

에스더서 5장에서 행복해하는 사람은 왕뿐만이 아닙니다. 총리였던 하만도 매우 행복해하고 있습니다. 왕이 에스더에게 소원을 물었을 때 그녀는 왕을 위한 잔치를 베풀겠다고 했으며 왕과 함께 하만도 초청했습니다.

왕과 함께 왕후의 잔치에 초청받은 하만은 얼마나 기뻤을까요? 왕후가 베푼 잔치에, 그것도 왕과 자기만을 초청한 잔치에 갈 생각을 하며 얼마나 뿌듯했겠습니까? 왕후가 왕에게 소원을 아뢰는 자리에 유일하게 초청받은 하만은, 자신이 왕과 왕후로부터 확실하게 지지를 받고 있다고 생각했을 것입니다. 이는 하만 개인은 물론이고 가문의 영광이었으며, 이로 인해 그는 제국에서 자신의 위치를 확고하게 구축했다는 자신감을 갖게 되었습니다.

당시 하만의 기분은 에스더서 5장 9절에 잘 나타나 있습니다.

"그날 하만이 마음이 기뻐 즐거이 나오더니 모르드개가 대궐 문에 있어 일어나지도 아니하고 몸을 움직이지도 아니하는 것을 보고 매우 노하나."

그리고 이어서 5장 10~12절을 보면 그는 자기 집에 친구들과 아내 세레스를 불러 자신이 왕과 왕후에게 최고의 대우를 받고 있다는 사실을 자랑합니다.

"자기의 큰 영광과 자녀가 많은 것과 왕이 자기를 들어 왕의 모든 지방 관이나 신하들보다 높인 것을 다 말하고 또 하만이 이르되 왕후 에스더가 그 베푼 잔치에 왕과 함께 오기를 허락 받은 자는 나밖에 없었고 내일도 왕과 함께 청함을 받았느니라"(에 5:11).

에스더서 5장 9절에서 하만은 잔치에 초대받은 일로 인해 마음이 기쁘고 즐거웠습니다. 하지만 모르드개를 보고 다시 불같이 화를 냈고 집에 와서는 친구들과 아내에게 자신의 사회적 권세를 자랑하며 기뻐합니다. 이런 모습을 보면 그는 매우 다혈질적이며 기분파였으며 자랑하기를 좋아하는 성향의 사람이었음을 알 수 있습니다.

하지만 인간이라면 누구나 이 정도의 대우를 받는다면 기뻐하기 마련입니다. 왕에게 인정받아 총리가 되었고 유대인 학살 프로젝트를 결재 받은 데다 왕이 총애하는 왕후의 잔치에 초대까지 받았다면 누구라도 행복감에 빠질 만합니다.

에스더, 역전의 찬스를 잡다
'잔치'를 준비하시는 하나님

본문에서 왕은 사랑스러운 에스더가 자신을 위해 잔치까지 여는 것을 보며 행복해하고, 하만은 왕과 함께 왕후의 잔치에 참여하게 되어 신하로서 인정받고 있다는 확신 때문에 행복해합니다.

하지만 정작 에스더가 잔치를 베푼 이유는 무엇입니까?

그녀는 잔치를 통해 동족을 살리기 위해 벌이는 계획의 첫발을 내디딘 것입니다. 그녀가 잔치를 베푸는 이유는 왕에게 자기 민족을 구해 달라고 요청하기 위해서이고, 그 일을 추진한 하만을 제거하기 위한 전략의 일환이었습니다.

에스더가 개최한 잔치는 하나였지만 받아들이는 사람에 따라 잔치의 의미는 매우 달라집니다. 왕과 하만이 에스더의 의도를 알아차리지 못한 것은 잔치의 외형적 의미만을 생각하고 있었기 때문입니다. 그들은 보이는 것에 만족하고 있기에 보이지 않는 세계를 예측하거나 보지 못하고 있는 것입니다. 하지만 에스더는 보이는 잔치에 목적을 둔 것이 아니라 보이지 않는 다른 세계에 관심을 가지고 잔치를 베풀었습니다. 만일 우리가 왕과 하만에 입장에서 보이는 세계만으로 모든 일을 판단하고 결정한다면 그것은 정말 어리석은 것입니다.

한편 에스더서를 통해 드러나는 하만은 자신이 본 외형적인 것들 때문에 생각이나 감정이 자주 바뀌는 사람입니다. 그는 에스더의 초청에 행복감에 빠져 있지만 반대로 모르드개가 여전히 자신에게 절하지 않는 무례한 태도를 보였을 때 즉각적으로 불만을 토로합니다. 다시 에스더서 5장 9절을 살펴보십시오.

"그날 하만이 마음이 기뻐 즐거이 나오더니 모르드개가 대궐 문에 있어 일어나지도 아니하고 몸을 움직이지도 아니하는 것을 보고 매우 노하나."

그는 모르드개가 절하지 않는 것을 보고 분노했습니다. 그러고 나서 모르드개와 유대인에 대한 살육 의지를 다시 한 번 더 천명합니다.

"그러나 유다 사람 모르드개가 대궐 문에 앉은 것을 보는 동안에는 이 모든 일이 만족하지 아니하도다 하니"(에 5:13).

여기서도 하만은 "보는 동안에는" 만족하지 않겠다고 합니다. 그러니까 그의 만족과 불만족은 오로지 눈에 보이는 것에 달려 있습니다. 하만은 보이는 세계에 함정과 모순이 있다는 사실을 모르고 있습니다. 이것이 바로 그의 가장 큰 불행입니다. 그리스도인은 보이는 것만 향유하며 즐거워하기보다 보이지 않는 세계를 볼 수 있는 눈을 가져야 합니다.

하나님의 나라는 이 세상의 눈으로는 보이지 않습니다. 어찌 보면 어리석게 보일지 모릅니다. 하지만 이 세상은 보이지 않는 하나님의 세계 안에서 움직이고 있습니다. 보이지 않는 세계를 볼 수 있는 사람 앞에 보이는 세계는 너무나 작습니다.

하지만 하나님의 세계를 보지 못하는 사람은 눈에 보이는 이 세계가 크게 보일 것입니다. 에스더서에서 왕과 하만은 자신이 다스리는 세계가 크다고 생각했을 것입니다. 왕은 자신을 127개나 되는 넓은 지역을 다스리는 지배자로 생각했을 것이고, 하만은 스스로 왕 다음의 권세를 지니고 있다고 자부했을 것입니다. 이것이 바로 그들의 입장에서 가장 큰 것들입니다.

그러나 하나님의 세계를 인간의 시각으로 보면 하나님은 전혀 보이지 않을 것입니다. 특별히 에스더서에는 하나님이라는 단어가 단 한 번도 나오지 않습니다. 그래서 하나님의 세계가 더욱 안 보일지 모릅니다. 하지만 위기에 처한 유대인을 구출하시는 하나님의 손길을 보십시오. 하나님의 섭리가 없다면 에스더의 금식이나 모르드개의 나라를 살리는 열정과 금식이 무슨 의미가 있습니까? 유대인의 계획은 하만의 계획에 비해 너무도 허술하게 보이며 체계가 없어 보입니다.

그들의 계획이 하만의 계획보다 뛰어나서 위기를 극복하게 되었습니까? 절대 그렇지 않습니다. 에스더가 왕에게 나아가서 동족을 구원해 달라고 요청하려는 계획도 왕이 금 규를 주지 않으면 당장 수포로 끝나 버리고 맙니다. 하지만 에스더는 보이지 않는 하나님이 자신과 동행하시며 위기에 개입하실 것을 믿고 움직입니다.

보이지 않는 것을 믿고 실행한 에스더
인간적 술수와 편법 거부하기

이 세상에는 보이는 것과 보이지 않는 것이 있습니다. 눈에 보이지 않는다고 해서 없거나 가치가 없는 것은 아닙니다. 어찌 보면 눈에 보이지 않는 것이 보이는 것보다 우위를 차지하는 경우가 많습니다. 하지만 인간은 당장 눈에 보이는 것에 몰두해 그것에만 가치를 부여하곤 합니다. 눈에 보이는 숫자적 이윤에만 몰두하면 큰 것을 얻지 못합니다. 당장은 손해 보는 듯해도 보이지 않는 것에 투자한다면 더 좋은 결과를 얻을 수 있습니다.

히브리서 11장은 믿음의 장이라고 하는데, 거기에는 믿음이 눈에 보이지는 않지만 큰 것이라는 사실을 강조하는 부분이 많습니다. 11장 1절을 보면 "믿음은 바라는 것들의 실상이요 보이지 않는 것들의 증거니"라고 기록되어 있고, 11장 3절에는 "믿음으로 모든 세계가 하나님의 말씀으로 지어진 줄을 우리가 아나니 보이는 것은 나타난 것으로 말미암아

된 것이 아니니라"고 말씀하고 있습니다. 또한 11장 7절에는 "믿음으로 노아는 아직 보이지 않는 일에 경고하심을 받아 경외함으로 방주를 준비하여 그 집을 구원하였으니"라고 덧붙이고 있습니다.

에스더서의 특징은 하나님이 말씀하시는 장면이나 그런 내용도 없고 심지어 하나님이라는 단어조차 나오지 않습니다. 하지만 그런 요소들이 외부로 드러나지 않았다고 해서 하나님이 가만히 계시는 것은 아닙니다.

하만의 행동을 보십시오. 그는 치밀한 계획을 입안한 뒤에 왕 다음 가는 권력자이면서도 왕에게 뇌물까지 써가면서 일사불란하게 일을 추진합니다. 하지만 모르드개와 에스더가 위기 극복을 위해 시도하는 방법은 현실적이지 않습니다. 체계도 없고 계획성도 없어 보입니다. 지켜보고 있자니 불안하기 짝이 없습니다.

에스더의 계획이라고는 왕에게 나아가서 고하겠다는 것밖에 없습니다. 그것을 언제, 어떻게 처리하겠다는 청사진도 나타나지 않습니다. 하지만 일이 진행되는 모습을 보며 우리는 하나님이 에스더와 함께하시는 것을 볼 수 있습니다.

위기 상황에서 우리가 할 수 있는 일은 아무것도 없습니다. 우리의 능력이나 힘으로는 결과를 바꿀 수 없을 것 같습니다. 본문에서 왕에게 나아간 에스더도 죽음을 각오하고 나갔지만 그 결과가 좋으리라고는 아무도 예측할 수 없었습니다.

하지만 우리는 인간적인 술수나 편법을 동원하지 않고 자신이 할 수 있는 단 한 가지, 왕에게 나아가는 그 걸음걸음에 하나님이 동행하신 것을 볼 수 있습니다. 그것이 바로 에스더서를 통해 우리가 은혜 받게 되는 이유입니다.

하나님의 계획, 시작되다
보이지 않는 세계를 바라보며 준비하기

에스더서 4장이 '인간적인 계획의 완성'을 보여준다면 5장은 '하나님의 계획의 시작'을 보여줍니다. 비록 아말렉 족속에 대한 모르드개의 민족적 원한 때문에 문제가 불거졌지만 하만이 그것을 빌미로 유대인 전체를 몰살하려고 한 일은 매우 가혹한 처사입니다.

모르드개와 유대인은 하나님을 믿고 따랐기에 위기가 닥치자 하나님 앞에 겸손하게 엎드렸습니다. 하지만 하만은 자신이 짠 계획의 완성도를 믿고 모든 것이 완료되었다고 안심합니다. 그는 '보이지 않는 하나님'이 아니라 자신과 '보이는 세상의 시스템'에 의지했습니다. 아하수에로 왕 또한 이 세상의 시스템에 의지하고 있었습니다. 그는 30일 동안이나 왕후를 찾지 않았다가 에스더를 보는 순간 아리따움에 빠져들어 나라의 절반이라도 주겠다는 호언장담을 합니다. 이것은 제국의 국왕으로서 매우 무책임한 발언이 아닐 수 없습니다. 그는 보이는 것에 집착하고 그것을 기준으로 움직이는 매우 즉흥적인 사람이었습니다.

하만의 아내와 친구들도 이런 세상의 기준에 따라 움직입니다. 하만이 모르드개의 일로 분노하는 모습을 보며 그를 나무에 매달아 죽이라고 하고 왕후의 초청에 대해서는 즐거운 잔치에 참석하라고 합니다.

하지만 에스더는 어떻습니까? 그녀는 엄청난 현실적 위기 앞에서 보이지 않는 하나님이 그것을 해결해 주시길 바라고 있습니다. 왕이 부르지 않은 상황에서 왕에게 나아간 것은 당시 법을 벗어난 행동이었습니다. 그가 이런 위험을 감수한 것은 왕만이 상황을 바꿀 수 있다고 보았기 때문이며, 자신이 할 수 있는 것이라고는 목숨을 걸고 왕 앞에 나아가는 방법밖에는 없다고 생각했기 때문입니다. 하지만 그녀는 이렇게 행동하기 전에 자신의 모든 것을 내어놓고 동족들과 함께 금식했습니다. 보이지 않는 하나님께서 이 위기에 개입하셔서 왕을 움직이시고 상황을 바꿔 주실 것이라는 믿음 때문이었습니다.

왕은 에스더를 사랑스럽다고 생각해 그녀를 죽이지 않고 다가오게 했습니다. 하지만 에스더는 사흘 동안 금식기도하며 준비했기 때문에 외형적으로는 다른 때보다 좋지 않게 보일 수도 있었을 것입니다. 결코 사랑스럽게 보일 수 있는 상황이 아니었지만 그녀를 사랑스럽게 보이게 한 것은 하나님이셨습니다. 에스더가 비록 목숨을 걸고 왕에게 나아갔지만 아하수에로 왕으로 하여금 그녀를 사랑스럽게 여기도록 하고 소원을 묻게 한 분은 바로 보이지 않는 하나님이었습니다.

보이는 것만 중요하게 여기고 보이지 않는 세계를 무시하는 것은 믿음이 없는 것입니다. 믿음을 보이는 차원에서 생각하면 아무런 답도 얻을 수 없습니다. 삼위일체 하나님도 그렇고, 신령한 복도 그렇고, 하나님의 나라도 그렇습니다.

믿음은 눈에 보이는 것이 아니며 보이지 않는 것을 보는 게 믿음입니다. 이 보이지 않는 것을 기뻐하며 감격하며 우리 자신을 내어주는 것이 믿음입니다. 이 수준까지 이르기 위해 우리는 날마다 기도해야 합니다. 개인은 물론 교회도 하나님이 역동적으로 일하시는 보이지 않는 세계로 바라보며 날마다 준비합시다.

*3*부

잔치를 준비하시는 하나님

6장 세상을 주관하시는 하나님
끝나지 않은 싸움 | 고개 든 숨은 역사 | 몰락의 전주곡 | 역전된 상황 | 엇갈린 희비 | 무너진 세상 권력

7장 끝이 있는 세상
총리 하만의 몰락 | 잔치에 끌려간 하만 | 교만의 결과 | 결말을 아는 사람들의 자세 | 주어진 역할을 감당한 에스더와 모르드개 잔치의 절정 | 위대한 결말

8장 하나님이 다스리는 영광의 세상
뒤바뀐 세상 | 영원하지 않은 세상 | 위기를 대비하는 자세 | 또다시 목숨을 걸고 | 바뀌는 역사, 변화하는 사람들 | 세상 속에서 더 큰 영광을 위하여

6장

세상을 주관하시는 하나님

그날 밤에 왕이 잠이 오지 아니하므로 명령하여 역대 일기를 가져다가 자기 앞에서 읽히더니 그 속에 기록하기를 문을 지키던 왕의 두 내시 빅다나와 데레스가 아하수에로 왕을 암살하려는 음모를 모르드개가 고발하였다 하였는지라 왕이 이르되 이 일에 대하여 무슨 존귀와 관작을 모르드개에게 베풀었느냐 하니 측근 신하들이 대답하되 아무것도 베풀지 아니하였나이다 하니라 왕이 이르되 누가 뜰에 있느냐 하매 마침 하만이 자기가 세운 나무에 모르드개 달기를 왕께 구하고자 하여 왕궁 바깥뜰에 이른지라 측근 신하들이 아뢰되 하만이 뜰에 섰나이다 하니 왕이 이르되 들어오게 하라 하니 하만이 들어오거늘 왕이 묻되 왕이 존귀하게 하기를 원하는 사람에게 어떻게 하여야 하겠느냐 하만이 심중에 이르되 왕이 존귀하게 하기를 원하시는 자는 나 외에 누구리요 하고 왕께 아뢰되 왕께서 사람을 존귀하게 하시려면 왕께서 입으시는 왕복과 왕께서 타시는 말과 머리에 쓰시는 왕관을 가져다가 그 왕복과 말을 왕의 신하 중 가장 존귀한 자의 손에 맡겨서 왕이 존귀하게 하시기를 원하시는 사람에게 옷을 입히고 말을 태워서 성 중 거리로 다니며 그 앞에서 반포하여 이르기를 왕이 존귀하게 하기를 원하시는 사람에게는 이같이 할 것이라 하게 하소서 하니라 이에 왕이 하만에게 이르되 너는 네 말대로 속히 왕복과 말을 가져다가 대궐 문에 앉은 유다 사람 모르드개에게 행하되 무릇 네가 말한 것에서 조금도 빠짐이 없이 하라 하만이 왕복과 말을 가져다가 모르드개에게 옷을 입히고 말을 태워 성 중 거리로 다니며 그 앞에서 반포하되 왕이 존귀하게 하시기를 원하시는 사람에게는 이같이 할 것이라 하니라 모르드개는 다시 대궐 문으로 돌아오고 하만은 번뇌하여 머리를 싸고 급히 집으로 돌아가서 자기가 당한 모든 일을 그의 아내 세레스와 모든 친구에게 말하매 그 중 지혜로운 자와 그의 아내 세레스가 이르되 모르드개가 과연 유다 사람의 후손이면 당신이 그 앞에서 굴욕을 당하기 시작하였으니 능히 그를 이기지 못하고 분명히 그 앞에 엎드러지리이다 아직 말이 그치지 아니하여서 왕의 내시들이 이르러 하만을 데리고 에스더가 베푼 잔치에 빨리 나아가니라(에 6:1~14).

끝나지 않은 싸움
세상과 하나님의 대결

에스더서 5장에서 하만은 완벽한 준비를 마쳤고 그 사실을 알게 된 모르드개는 에스더와 유대인과 함께 위기를 돌파하기 위해 준비합니다. 에스더서 6장을 통해 우리는 주요 등장인물들인 에스더와 아하수에로 왕, 그리고 하만이 한 곳에 모이게 된다는 사실을 알고 있습니다. 그것은 바로 에스더가 마련한 잔치입니다.

그 잔치를 앞두고 밤이 찾아왔습니다. 본문에서 특별히 밤이 언급된 것은 의미심장합니다. 대 격전이 벌어지기 직전의 고요함을 보여주려는 것 같기도 하고, 하만의 일사불란한 준비나 유대인의 애통과는 조금은 다른 방향에서 새로운 변수가 나타날 것 같은 느낌을 주기도 합니다. 전쟁과도 같은 세상에서 휴전과 같은 밤이 없다면 사람들은 아마 그 고통과 스트레스를 견디기 힘들 것입니다.

그 밤에 벌어질 잔치를 기다리는 사람은 모두 세 사람입니다. 자신의 계획을 완성하기 위해 할 수 있는 모든 준비를 마친 하만은 느긋하게 잔치를 즐길 준비를 하고 있었을 겁니다. 그에게 그 밤은 최고의 휴식을 만끽할 수 있는 밤이었을 것이고 그동안의 분노와 피로를 씻어줄 만큼 원기를 충전시켜 주었을 것입니다. 그리고 이제 잔치가 열리기 전에 눈엣가시였던 모르드개부터 제거해 잔치의 흥을 돋우기 위해 왕을 찾아갑니다.

그렇다면 에스더와 모르드개는 이 밤을 어떻게 맞이했을까요? "죽으면 죽으리이다"고 굳은 결심을 하며 나선 에스더나, 자신의 섣부른 행동 때문에 민족 전체의 위기를 초래한 모르드개는 깊은 두려움에 몸서리쳤을지도 모릅니다. 비록 그들이 애통하며 금식했지만 인간이 가질 수 있는 근원적 두려움에서 완전히 벗어날 수는 없었을 겁니다.

하지만 그들은 그 두려움조차 하나님께 맡기고 하나님의 손길을 기다렸습니다. 하나님이 자신들의 상황과 위기에 개입하시길 간절히 바라고 있었을 것입니다. 위기 상황에서 탈출할 방법이라고는 전혀 보이지 않는 상황에 처한 그들의 모습은 무척이나 무력하게 보입니다. 그들의 움직임에 대해 성경에 아무런 언급도 없다는 사실은 그들의 인간적 절망감을 더욱 부각시킵니다.

하지만 그것이 언급되지 않았다고 해서 승패가 결정된 것은 아닙니다. 모르드개, 에스더, 유대인이 할 일은 모두 끝났습니다. 그들은 자신들의 모든 상황을 가장 겸손한 태도로 하나님께 아뢴 것입니다. 그러고 나서 그들은 잠잠히 자신들의 삶을 돌아보았을 것입니다. 본문을 살펴보면 그들이 더 이상 외부적인 활동을 하지 않는 것으로 보입니다. 이렇게 그들이 밤을 맞아 휴식하고 있다 하더라도 하나님은 쉬지 않으시고 여전히 그 상황 속에서 일하고 계십니다. 이 사건의 집행자인 왕을 통해서 말입니다.

본문은 그 밤에 아하수에로 왕이 잠을 못 이루고 있다는 사실을 크게 강조하고 있습니다. 왕이 잠을 이루지 못하는 이유는 무엇입니까? 왕후 에스더가 초대한 잔치 때문인지 아니면 나라에 어떤 큰 문제가 있는지 모르나, 그 이유에 대해서는 큰 관심이 없는 듯합니다. 단지 여기서 강조되고 있는 것은 유대인의 생사여탈권을 쥐고 있는 왕이 그날 밤에 늦게까지 잠을 이루지 못하고 있었다는 사실입니다.

여기서 우리가 눈여겨봐야 할 것은 하나님의 구원이 전혀 예상치 않던 장소에서 기대하지 않던 사람을 통해 시작되고 있다는 사실입니다. 유대인의 학살을 결재한 아하수에로 왕을 통해서 말입니다. 그는 유대인이라는 사실을 알고 결재한 것은 아니었지만 결과적으로 하만의 유대인 학살 프로젝트를 승인했다는 점에서, 유대인에 대해 적대적인 위치에 있던 사람이었습니다. 하지만 그는 그 잠 못 이루는 밤에 유대인의 운명이 걸린 사건에 대해 하나님의 계획에 따라 움직이고 있었습니다.

그렇다면 이 일은 누가 하는 일입니까? 하나님이 하시는 일이 신비로운 것은 바로 이런 이유 때문입니다. 하나님은 우리가 손을 놓고 있는 바로 그때, 전혀 예상하지 못한 사람을 통해 우리보다 앞서 우리의 일을 주관하십니다. 인간의 힘으로는 도저히 할 수 없는 일을 하나님은 치밀하고 정확하게 이뤄내십니다.

이런 개인사뿐만 아니라 모든 역사는 하나님의 손에 달려 있습니다. 인간이 계획하고 노력하지만 그 일을 주관하시고 이끌어 가시며 완성하시는 분은 바로 하나님입니다. 극한 상황에 놓여 앞뒤가 꽉 막혀 있다 하더라도 우리 대신 어려움을 풀어 나가시는 하나님을 의지하십시오. 그분이 해결해주실 것입니다.

고개 든 숨은 역사
히든카드를 빼 드신 하나님

그런데 왕이 밤에 잠을 자지 못한다고 해서 일이 달라지는 것은 아닙니다. 그 밤에 일어나는 일들을 자세히 살펴보십시오. 잠이 오지 않는 밤에 왕이 할 수 있는 일은 많을 것입니다.

술을 마실 수도 있고, 궁녀나 후궁 중에 한 사람을 부를 수도 있습니다. 그게 싫다면 국사나 개인적인 일을 생각하며 깊은 생각에 잠길 수도 있습니다. 하지만 왕은 역대 일기를 가져다가 자기 앞에서 읽으라는 명령을 합니다. 그런데 대 제국 페르시아에는 여러 지역에서 수집한 온갖 재미있는 책들이 가득했을 텐데 왜 하필 그 시간에 역대 일기를 읽으라고 했을까요?

사실 역대 일기는 나라에서 일어난 중요한 일들을 계속 기록하는 것으로 그 수량은 매우 많습니다. 그리고 그것을 관리하는 사람들이 국가적으로 특별한 일이 있을 때 관련 기록을 확인하기 위해 찾곤 했습니다. 하지만 뜬금없이 왕이 밤에 잠을 이루지 못하고 역대 일기를 듣고 싶어 한다는 것은 쉽게 이해하기 어렵습니다. 게다가 그 많은 역대 일기 가운데서 약 5년 전에 있었던 빅다나와 데레스라는 내시의 역모 사건이 적힌 부분을 듣게 되었다는 것은 무척이나 놀라운 일입니다. 이는 마치 태평양 바다에서 노는 수천 억 마리의 고등어 중에서 가장 큰 고등어 한 마리가 여러분의 저녁 밥상에 오를 확률만큼 낮습니다. 다시 말해 그것은 전혀 계획을 통해 이루어진 일이 아니라는 말입니다.

당시의 역모 움직임을 알아내 왕을 위기에서 구한 사람은 에스더의 오빠인 모르드개였습니다. 당시 이 사건은 역모 주동자들을 처형하는 것으로 끝나고 역모 진압에 큰 공을 세운 모르드개에게는 어떤 상도 내려지지 않았습니다. 그런데 5년이라는 시간이 지난 시점에서 그것도 잠 못 이루던 밤에 그것도 우연히 왕은 모르드개가 그 역모를 제압하는 데 큰 공을 세웠다는 사실을 알게 됩니다.

대 제국인 페르시아의 절대 권력자인 왕이 죽을 뻔한 일은 사실 굉장히 큰 사건입니다. 모르드개의 입장에서는 큰 공을 세웠기 때문에 내심 출세를 바라거나 상을 기대할 수도 있었을 것입니다. 하지만 그가 공을 세우고 나서 그 일을 자랑했다거나 상을 받지 못해 섭섭하게 생각했다는 언급은 어디에서도 찾아볼 수 없습니다. 어쩌면 그가 출세하길 원했다면 왕후 에스더에게 줄을 대어 얼마든지 방법을 찾을 수 있었을 것입니다. 하지만 그가 여전히 문지기로 남아 있었던 것을 볼 때 그는 세상적인 욕심을 내지 않는 사람이었던 것 같습니다.

어쨌든 절체절명의 위기 상황에서 완전히 잊혀진 것 같았던 그 일이 역대 일기를 통해 드러납니다. 왕이 잠을 이루지 못하고 역대 일기를 듣는 상황에서 이 사건이 부각된 것입니다. 이런 상황 역시 인간의 인위적인 계획으로는 이뤄낼 수 없습니다. 여기서도 우리는 자신의 계획을 완성시켜 가시는 하나님의 섬세함을 엿볼 수 있습니다.

몰락의 전주곡
제 꾀에 넘어간 하만

그런데 하나님의 섬세한 역사는 왕을 통해서만 이루어지지 않습니다. 유대인의 원수로 등장하는 하만을 통해서도 이루어지고 있는 것입니다. 하만에게 일어나는 일을 보십시오. 하만은 대 제국의 이인자입니다. 유대인 학살 계획과 관련해 조서를 꾸미는 과정에서 보았듯이 그는 왕에게서 대권을 위임받은 실력자였습니다. 그는 아침 일찍 왕을 보러 왕의 뜰에 나올 정도로 편안한 마음으로 자유롭게 왕궁을 출입할 수 있는 사람이었습니다. 이렇게 보면 그는 에스더가 죽음을 각오하고 왕 앞에 나아온 것과는 큰 대조를 이룹니다.

하만이 아침 일찍 왕궁 뜰 앞에 온 것은 모르드개를 죽이려는 계획을 승인받기 위해서입니다. 총리나 되는 그가 문지기 한 사람을 죽이는 데 왕의 허락까지 받으러 왔다는 것은 선뜻 이해가 되지 않습니다. 하지만 그 이면에는 왕의 허락 아래 자신에게 정면으로 도전했던 모르드개를 처형함으로써 유대인 학살 계획을 더욱더 공고히 다지려는 의도가 숨어 있었습니다.

그런데 재미있는 것은, 왕이 모르드개에게 상을 주려고 사람을 찾은 바로 그때 하만이 모르드개를 죽이기 위해서 왕궁 뜰에 와 있었다는 사실입니다. 그 시간적 일치에 대해 에스더서 6장 4절은 "마침"이라는 단어를 사용합니다. 왕과 하만이 마치 약속이나 한 듯이 모르드개 문제로 만난 것입니다.

이런 일은 누구나 예상할 수 없는 일이고 쉽게 일어나지도 않습니다. 사람들은 이런 일을 우연이라고 말할지 모르지만 에스더의 등장인물들은 모두 하나님의 치밀한 섭리 속에서 움직이고 있는 것입니다.

왕은 자기의 계획을 실행할 사람을 찾았는데 마침 하만이 와 있다는 이야기를 듣고 그를 반가이 맞이합니다. 그는 자신이 원하는 일을 확실히 실행할 사람은 하만뿐이라고 생각했을 것입니다. 그러나 이 우연의 일치처럼 보이는 반가운 만남 뒤에는 또 다른 사건이 기다리고 있습니다.

역전된 상황
세상의 지혜를 무력화시키는 하나님

왕과 하만은 모르드개라는 공통된 관심사를 갖고 만나게 되었지만 그들이 모르드개에게 시행하려는 내용은 전혀 달랐습니다. 왕은 모르드개에게 상을 줄 생각을 하고 있었고 하만은 모르드개를 죽일 생각을 하고 있었습니다.

그런데 정말 신기한 일이 있습니다. 왕이 처음부터 모르드개의 이름을 거론하고 그가 공을 세웠으니 어떤 대우를 해줄까를 논의했으면 적어도 모르드개가 국민적 찬사를 받는 일은 일어나지 않았을 것입니다. 그러나 왕은 모르드개의 이름을 전혀 거론하지 않습니다. 왕이 그의 이름을 거론하지 않은 것은 특별한 이유가 있었던 것은 아닌 것 같습니다. 문맥을 볼 때 자연스럽게 그렇게 된 것 같습니다.

이것은 어떻게 보면 하만이 유대인을 멸하기 위해 왕에게 보고할 때 유대인을 "한 민족"이라고만 말하면서 민족의 정체성을 명확히 밝히지 않은 것과 대조를 이룹니다. 그는 자신의 이기적 목적을 달성하기 위해 의도적으로 민족의 정체성을 감추려 했고 또 그런 계획이 거의 성공 일보 직전까지 와 있습니다. 하지만 왕은 어떤 의도를 갖지 않았지만 결과적으로 모르드개의 이름을 밝히지 않음으로써 하만에게 결정타를 입히게 됩니다. 이 두 가지 케이스는 외면적으로는 비슷하게 보이지만, 하나님 앞에서 인간의 이기적인 계획이 얼마나 무기력한가를 단적으로 보여 줍니다.

왕은 하만에게 묻습니다. 자신이 상을 주고 높여 주고 싶은 사람이 있는데 어떻게 했으면 좋겠느냐고 말입니다. 이때 왕은 모르드개를 염두에 두고 있습니다. 그러나 이 말을 들은 하만은 왕의 상을 받을 사람은 자신밖에 없다고 확신합니다. 그래서 그는 자신에게 최대한 이익이 되는 방안을 내놓고 있습니다. 언뜻 보면 그가 왕의 자리까지 탐내고 있는 게 아닐까 의심할 정도입니다. 그가 얼마나 큰 욕심을 부리는지 에스더서 6장 8~9절을 통해 살펴보십시오.

"왕께서 입으시는 왕복과 왕께서 타시는 말과 머리에 쓰시는 왕관을 가져다가 그 왕복과 말을 왕의 신하 중 가장 존귀한 자의 손에 맡겨서 왕이 존귀하게 하시기를 원하시는 사람에게 옷을 입히고 말을 태워서 성중 거리로 다니며 그 앞에서 반포하여 이르기를 왕이 존귀하게 하기를 원하시는 사람에게는 이같이 할 것이라 하게 하소서 하니라."

여기 두 사람 중 누가 수가 높습니까? 하만이 왕보다 수가 높아 보입니다. 지금까지 이뤄진 여러 가지 상황 등으로 미루어볼 때 왕은 하만의 손 안에 있는 듯합니다. 그러나 지금 이 상황에서는 하만이 당합니다. 왕이 수가 높아서가 아니라 하만 스스로 자기 꾀에 넘어간 것입니다. 왕은 하만보다 하수이지만 이 시점에서 그는 하만을 능가하는 일을 하게 됩니다. 그것은 이 사건이 수가 높은 하나님의 손 안에 있기 때문입니다.

이 말을 들은 왕은 하만이 말한 대로 하라고 합니다. 여기까지만 볼 때는 하만이 이전의 경우처럼 왕을 좌지우지하는 것 같습니다. 하지만 바로 그 순간 상황은 역전됩니다. 왕이 높여 주려는 대상은 하만이 전혀 생각하지 못했던 아니 상상도 하지 못했던 모르드개였기 때문입니다. 하만은 그를 죽이려고 왕에게 나아갔는데 왕은 그를 높이라고 합니다. 그것도 지금 당장 하만이 말한 그대로 시행하라고 합니다.

왕은 "조금도 빠짐이 없이 하라"(에 6:10)고 명령합니다. 이제 왕의 명령을 다르게 조정할 방법은 없습니다. 6장 10절에서 "이에"라고 표현되어 있듯이 하만은 이 모든 아이디어가 자신에게서 나왔기 때문에 그것을 변경할 수 없게 되었고, 왕의 명령이 옳지 않다고 말할 수도 없게 되었습니다. 총리인 자신의 동의를 얻고 내린 명령이기 때문입니다. 이제 하만은 돌이킬 수 없는 함정에 빠졌습니다. 혹을 떼려다 붙인 격이 되고 말았습니다. 유대인 말살 직전에 본보기로 모르드개를 처형하려고 왕에게 왔다가 깊은 절망과 후회만을 떠안게 된 것입니다.

또한 에스더서 6장 12절을 보면 모르드개는 다시 대궐 문으로 돌아오고 하만은 집으로 돌아갑니다. 이것은 모르드개의 득세와 하만의 몰락을 암시합니다. 그것도 오랫동안 정치적인 암투를 통해 이뤄진 것이 아니라 그야말로 하룻밤 사이에 이뤄졌습니다. 이런 급격한 변화는 에스더와 모르드개의 계획이 아니라 전혀 예상치 못했던 잠 못 이루던 왕을 통해 이뤄졌습니다. 인간의 계획을 넘어서서 자신의 섭리를 이루어 가시는 하나님의 역사를 볼 때 우리는 겸손해야 합니다.

왕의 명령에 따라 하만은 자신에게 절하지 않던 모르드개에게 왕의 옷을 입히고 말에 태운 뒤에 거리로 다니며 왕을 존귀하게 여기는 사람은 이같이 할 것이라고 반포하는 역할을 맡게 됩니다. 그의 자존심은 땅 끝까지 떨어집니다. 그는 모르드개가 자존심을 상하게 했다는 이유로 장대에 매달아 죽임으로써 자존심을 되찾으려고 했는데 이제는 말로 형용할 수 없는 수모를 당하고 맙니다. 그러나 사건은 여기서 끝나지 않고 막바지로 치닫습니다.

엇갈린 희비
수치를 당하는 최고 권력자

이제 상황은 급격하게 반전됩니다. 하만과 모르드개의 관계를 알고 있던 사람들에게 하만이 모르드개를 찬미하는 광경은 그야말로 우스꽝스럽게 보였을 것입니다. 하만의 권위는 땅에 떨어졌고 모르드개는 국가적 영웅으로 떠올랐습니다. 게다가 왕에게 큰 공을 세워 국가적으로 찬사를 받게 된 모르드개를 처형한다는 것은 불가능한 일처럼 보입니다. 이런 상황에서 고뇌하는 하만의 모습을 성경을 통해 살펴볼 수 있습니다.

"모르드개는 다시 대궐 문으로 돌아오고 하만은 번뇌하여 머리를 싸고 급히 집으로 돌아가서"(에 6:12).

여기서 한 사람은 대궐로 들어가고 다른 한 사람은 집으로 향합니다. 집으로 가는 하만은 번뇌하여 머리를 싸맨 채 급히 집으로 갔다고 합니다. 그가 급히 집으로 간 것은 밖에서 받은 수치 때문이었을 것입니다. 이런 광경은 하만의 몰락을 예고합니다. 그런데 하룻밤 사이에 상황이 급반전했다는 것은 놀랄 만한 일입니다. 그것도 모르드개와 에스더가 특별한 전략을 세워 하만을 무너뜨린 게 아니라 전혀 예상치 못했던 왕으로부터 시작된 것입니다.

아무리 뛰어난 전략가라 하더라고 이런 일을 예상할 수 있겠습니까? 이렇게 볼 때 우리는 인생의 변수들을 모르고 있다는 점에서 철저히 겸손해야 합니다. 자신이 계획한 대로 모든 것이 이루어졌다고 자부하는 사람은 인생을 제대로 모르는 사람입니다. 그런 사람들은 자신의 삶에 얼마나 많은 변수들이 찾아오고 있는지를 인식하지 못하기 때문입니다.

에스더 6장 초반까지는 모르드개에게 이런 광명의 순간이 올 것이라고는 아무도 예상하지 못했을 것입니다. 그때까지 모르드개는 생명이 끊어질 순간을 넋 놓고 기다려야만 하는 패배자에 지나지 않았습니다. 그의 금식과 기도는 자기로서는 아무것도 할 수 없다는 극단적 부정을 드러낸 행동이었습니다. 에스더가 극단적 모험을 감행한 것도 이와 마찬가지였습니다. 그런데 그런 모르드개에게 하룻밤 사이에 희망의 빛이 스며들어 왔습니다.

반면에 하만에게는 하룻밤 사이에 전혀 다른 세계가 펼쳐지고 있습니다. 어제까지만 해도 그의 앞에는 탄탄대로가 펼쳐져 있었습니다. 자신의 권위를 무너뜨린 모르드개라는 유대인을 비롯해서 민족의 원수인 유대인 전체를 도륙할 일을 결재받은 상태였고 아리따운 왕후가 베푸는 즐거운 잔치가 기다리고 있었습니다. 그런 그에게 이런 일이 일어날 것이라는 것은 상상도 할 수 없는 일이었습니다.

하지만 우리는 상상할 수 없는 일이 하루아침에 일어날 수 있다는 사실을 기억해야 합니다.

하나님을 알고 역사의 순리를 아는 사람들이 겸손한 것은 바로 이 때문입니다. 믿음의 사람들은 오늘이 영원한 것처럼 살기보다는 날마다 자신에게 주어진 시간을 겸손하게 맞이하면서 살아가야 합니다.

이제 몰락하는 하만을 보십시오. 그에게 왕후가 베푸는 잔치에는 가고 모르드개는 죽이라고 하던 그의 아내와 친구들의 이야기를 들어보십시오. 에스더서 6장 13절에는 이렇게 나와 있습니다.

"자기가 당한 모든 일을 그의 아내 세레스와 모든 친구에게 말하매 그 중 지혜로운 자와 그의 아내 세레스가 이르되 모르드개가 과연 유다 사람의 후손이면 당신이 그 앞에서 굴욕을 당하기 시작하였으니 능히 그를 이기지 못하고 분명히 그 앞에 엎드러지리이다."

하만의 얘기를 듣고 반응한 그들의 말을 들어보면 그들이 상황을 정확하게 파악하고 있다는 사실을 알 수 있습니다. 그래서 본문은 그들을 "지혜로운 자"라고 언급하고 있습니다. 하지만 그들의 지혜는 타산적이며 이야기의 문맥을 살펴보면 앞뒤를 재는 게 역력해 보입니다. 그들은 몰락하는 사람에게 근본적인 해결책을 제시하기보다 마치 방관자들처럼 냉랭한 마지막 경고로 말을 마칩니다.

이제 이들의 말이 끝나기도 전에 하만은 왕후가 베푼 잔치에 빨리 오라는 연락을 받습니다.

여기서 하만의 측근들의 말이 끝나기도 전에 그가 잔치에 빨리 불려 갔다는 사실은 무엇을 의미합니까? 바로 승승장구하는 대 제국의 총리 하만의 몰락이 목전에 이르렀음을 예고하는 것입니다.

무너진 세상 권력
세상 속에서 일하시는 하나님

우리는 본문에서 벌어지는 상황을 지켜보면서 무엇을 느끼게 됩니까? 이 드라마를 움직이는 것은 누구입니까? 그들의 위기와 몰락을 보면서 우리는 무엇을 발견할 수 있습니까?

오늘의 본문은 인간적인 지혜와 계획의 한계를 보여줍니다. 이 사건은 인간적으로 생각하거나 예측할 수 있는 한계를 벗어나 움직입니다. 전혀 예상하지 못했던 하만의 수치와 몰락을 통해 우리는 자기 백성들을 지켜 보호하시는 보이지 않는 하나님의 손길을 느낄 수 있습니다.

언뜻 이 세상은 능력 있고 권세 있는 사람들이 움직이는 것처럼 보입니다. 그리고 사람들은 그런 세상적인 요소들을 차지하기 위해 악착같이 노력합니다. 하지만 아무리 인간의 권세가 위력적이라 하더라도, 하만이 어처구니없게 당하는 것처럼 하나님의 위력 앞에는 무기력할 수밖에 없습니다.

유대인이 아무것도 기대할 수 없는 상황에서 무기력하게 맞이하던 그 밤에 자신의 일을 하나하나 진행하셨던 하나님의 손길과 그의 위력을 기억하십시오. 우리가 쉬고 있을 때, 절망으로 손을 놓고 있을 때 하나님이 우리를 살리기 위해 일하는 모습을 생각한 적이 있습니까? 우리가 절망 가운데 엎드려 있을 때 우리를 위해 그것도 우리의 대적을 통해 문제를 해결하시는 하나님은 정말 위대한 분입니다.

왕과 하만이 주연한 이번 무대에서 하나님이 하신 일이 한 치의 오차가 없다는 것에 우리는 놀라지 않을 수 없습니다. 그 하나님은 지금도 우리 가운데 거하시며 일하고 계십니다. 하나님의 놀라운 역사는 우리를 통해 그리고 우리와 함께 진행되고 있습니다. 우리는 그것을 느끼고 반응하며 준비해야 합니다.

하만은 세속적인 사고방식을 가진 뛰어난 전략가였고 행정가였습니다. 하지만 세상을 주관하시는 하나님 앞에 그는 아무것도 할 수 없었던 무기력한 존재였습니다. 세상적으로 당대 최고의 위치에 있던 하만이었지만 역사를 주관하시는 하나님 앞에 그의 계획은 단숨에 수포로 돌아가고 말았습니다.

이와는 대조적으로 하나님은 아무것도 내세울 수 없고 희망이라고는 보이지 않던 모르드개와 함께하셨습니다. 비록 자신의 잘못 때문에 동족 전체를 위험에 빠뜨렸지만 자신의 무기력함을 인정하고 금식하며 엎드린 그에게 하나님은 함께해주셨습니다. 그 하나님이 바로 우리 하나님이십니다.

우리는 하나님을 믿는다고 합니다. 그것은 무엇을 의미합니까? 우리는 마지막 순간에 승리하게 하시는 하나님을 믿고 의지합니까? 세상의 얄팍한 계획이나 전략보다 하나님의 손길과 섭리를 느끼며 그분께 의지하고 사는 게 가장 아름다운 삶입니다. 그리고 그것이 바로 믿음이며, 우리가 놓쳐서는 안 될 유일한 길입니다.

7장

끝이 있는 세상

왕이 하만과 함께 또 왕후 에스더의 잔치에 가니라 왕이 이 둘째 날 잔치에 술을 마실 때에 다시 에스더에게 물어 이르되 왕후 에스더여 그대의 소청이 무엇이냐 곧 허락하겠노라 그대의 요구가 무엇이냐 곧 나라의 절반이라 할지라도 시행하겠노라 왕후 에스더가 대답하여 이르되 왕이여 내가 만일 왕의 목전에서 은혜를 입었으며 왕이 좋게 여기시면 내 소청대로 내 생명을 내게 주시고 내 요구대로 내 민족을 내게 주소서 나와 내 민족이 팔려서 죽임과 도륙함과 진멸함을 당하게 되었나이다 만일 우리가 노비로 팔렸더라면 내가 잠잠하였으리이다 그래도 대적이 왕의 손해를 보충하지 못하였으리이다 하니 아하수에로 왕이 왕후 에스더에게 말하여 이르되 감히 이런 일을 심중에 품은 자가 누구며 그가 어디 있느냐 하니 에스더가 이르되 대적과 원수는 이 악한 하만이니이다 하니 하만이 왕과 왕후 앞에서 두려워하거늘 왕이 노하여 일어나서 잔치 자리를 떠나 왕궁 후원으로 들어가니라 하만이 일어서서 왕후 에스더에게 생명을 구하니 이는 왕이 자기에게 벌을 내리기로 결심한 줄 앎이더라 왕이 후원으로부터 잔치 자리에 돌아오니 하만이 에스더가 앉은 걸상 위에 엎드렸거늘 왕이 이르되 저가 궁중 내 앞에서 왕후를 강간까지 하고자 하는가 하니 이 말이 왕의 입에서 나오매 무리가 하만의 얼굴을 싸더라 왕을 모신 내시 중에 하르보나가 왕에게 아뢰되 왕을 위하여 충성된 말로 고발한 모르드개를 달고자 하여 하만이 높이가 오십 규빗 되는 나무를 준비하였는데 이제 그 나무가 하만의 집에 섰나이다 왕이 이르되 하만을 그 나무에 달라 하매 모르드개를 매달려고 한 나무에 하만을 다니 왕의 노가 그치니라(에 7:1-10).

총리 하만의 몰락
운명을 뒤바꾼 잔치의 시작

살아가면서 가장 편안한 순간은 언제입니까? 하루 일과를 무사히 마치고, 혹은 힘든 프로젝트를 끝마치고 집으로 돌아왔을 때 우리는 무엇과도 바꿀 수 없는 정신적·육체적 안식을 느낍니다. 더구나 그 공로를 인정받아 상사가 축배까지 들게 한다면 얼마나 기쁘겠습니까?

에스더서 5장은 바로 하만이 느끼는 최고의 안식과 기쁨을 보여주었습니다. 자신의 권위에 먹칠을 한 모르드개를 비롯해서 대적인 유대인이 아무 희망 없이 거리로 나와 울부짖고 있습니다. 그들의 하나님은 아무 힘도 쓰지 못하는 것 같고 모든 것이 하만의 뜻대로 착착 진행되고 있었습니다. 게다가 왕후가 왕과 하만만 초대해서 잔치를 베풀겠다고 합니다. 세상에 이보다 더 큰 영광의 순간이 어디 있겠습니까?

하지만 승승장구하던 하만의 인생은 6장에서 추락의 조짐을 보입니다. 그는 자신이 그토록 죽이고 싶어 하던 모르드개를 칭송해야 하는 운명에 처합니다. 그리고 끌려가듯 에스더가 마련한 잔치에 가게 됩니다.

본문 에스더서 7장은 에스더가 마련한 잔치, 정확히 말하면 하나님이 완성한 잔치의 결과를 보여줍니다. 1절을 보면 에스더서의 갈등을 종결지을 핵심인물들이 등장해서 잔치에 참여합니다.

"왕이 하만과 함께 또 왕후 에스더의 잔치에 가니라."

드디어 에스더가 준비한 잔치가 열렸습니다. 참석자는 단 세 명이지만 왕후가 준비했고 왕과 총리가 참여하는 잔치인 만큼 엄청난 규모로 성대하게 진행되었을 것입니다. 그리고 바로 그 잔치에서 참석자들의 운명이 엇갈립니다.

하만은 대 제국의 총리로 왕 앞에 자유롭게 나아갈 정도로 신임을 받고 있으며 왕후가 주재하는 잔치에 신하로서는 유일하게 참여하게 됩니다. 이 정도라면 개인은 물론이고 가문에도 큰 영광으로 생각할 만합니다. 그는 분명 인간적으로 가장 출세한 사람이었습니다.

이 잔치라는 것은 일반적으로는 즐겁고 유쾌한 축제를 의미합니다. 그것은 풍요와 여유, 그리고 부를 상징합니다. 더구나 당시 페르시아에서 왕후가 주재하는 잔치는 힘을 상징합니다. 에스더서 1장에서 아하수에로 왕이 180일 동안 잔치를 연 것도 자신의 힘을 과시하기 위한 것이었습니다. 또한 잔치는 신뢰를 상징하기 때문에 특별한 잔치에는 자신이 믿는 사람들만 초청하는 게 일반적입니다. 하지만 에스더서 7장 마지막인 10절은 잔치에 참여했던 하만이 죽는 것으로 끝납니다. 그렇다면 1절과 10절은 '잔치'와 '죽음'이라는 어울리지 않는 대조를 이루고 있습니다.

잔치에 끌려간 하만
영광에서 절망으로

잔치는 열렸지만 하만은 잔치에 참여했다기보다 끌려간 것처럼 보입니다. 가기 싫은데 억지로 가게 된 것처럼 말입니다. 에스더 6장 14절에는 그의 운명을 예고하는 주변 사람들의 말이 끝나기도 전에 왕의 내시들이 그를 찾아와 하만을 데리고 갔다고 기록되어 있습니다. 그것도 "빨리 나아가니라"고 되어 있는 것을 보면 상황이 얼마나 급박하게 전개되고 있었는지 알 수 있습니다.

어쩌면 왕의 명령으로 모르드개가 칭송을 받게 되는 그 순간 자신의 죽음을 예감했을지도 모릅니다. 6장 10절을 보면 왕이 "유다 사람 모르드개에게"라고 언급하고 있는 것으로 보아 그는 모르드개가 유대인이라는 사실을 알고 있었습니다. 그렇기 때문에 하만은 이전에 왕의 법을 지키지 않는다는 구실로 유대인 살육 조서를 꾸민 일이 들통날까봐 순간적으로 매우 당황했을 것입니다. '역모를 미리 알아내 왕을 위기에서 구해 준 모르드개가 유대인이라는 사실을 왕은 알고 있었구나. 그가 유대인인 줄 알고 있었다면 이제 나머지 유대인을 처단할 나의 계획에 대해 왕이 어떻게 생각할까? 이 위기를 어떻게 벗어나지?' 아마도 하만은 이런 고민을 하지 않았을까요?

그때 그는 모르드개를 처형하는 일은 고사하고 실행만을 남겨놓고 있던 유대인 말살계획을 완성할 수 없을 것이라고 생각했을 것입니다. 그렇기 때문에 그는 번뇌하여 머리를 싸고 급히 집으로 돌아갔습니다. 머리가 잘 돌아가는 그로서는 아마 충분히 자신의 임박한 미래를 예측할 수 있었을 것입니다.

사회적으로 성공하고 막강한 권세를 부리던 총리 하만이 아나니아와 삽비라처럼 자기 꾀에 넘어가 죽음으로 내몰리는 순간을 맞게 되었습니다. 모르드개와 유대인을 몰살할 계획을 세우기 전까지는 그는 사람들에게 인정받는 삶을 살고 있었습니다. 마치 잔치와 같은 삶을 살고 있었습니다. 하지만 이제 부끄러움에 머리를 싸매고 급히 집으로 돌아올 정도로 위신이 추락했습니다.

그의 인생은 들어가는 문은 잔치였지만 나오는 문은 죽음이었습니다. 누구나 들어가는 문이 있으면 나오는 문이 있는데 사람들은 하만처럼 나오는 문은 별로 생각하지 않습니다.

어느 누구나 성공의 자리에서 쫓겨날 가능성이 있습니다. 언제 나락으로 떨어질지 아무도 모르지만 사람들은 이런 가능성을 항상 잊고 살아갑니다. 젊고 건강할 때는 자신의 병든 모습을 상상하지 않듯이 성공의 길을 갈 때는 자기의 인생이 영원하다고 생각합니다. 그러나 인생은 끝이 있습니다.

교만의 결과
하나님을 대적하는 사람들의 종말

하만은 에스더서 3장에 등장해 7장에서 퇴장합니다. 그가 처음 등장했을 때를 돌이켜보면 마치 영웅이 나타나는 것처럼 화려하고 웅장했던 것을 볼 수 있습니다. 3장 1~2절을 보십시오.

"그 후에 아하수에로 왕이 아각 사람 함므다다의 아들 하만의 지위를 높이 올려 함께 있는 모든 대신 위에 두니 대궐 문에 있는 왕의 모든 신하들이 다 왕의 명령대로 하만에게 꿇어 절하되 모르드개는 꿇지도 아니하고 절하지도 아니하니."

하만은 특별한 공로가 언급되지 않았지만 실로 대단한 권세를 부여받는 사람이었습니다. 그는 신하들 가운데 가장 높은 직위를 갖고 있었고 그들의 절을 받는 사람이었습니다. 게다가 한 민족을 일거에 학살하는 아주 큰일을 진행하는 데 있어서도 쉽게 왕의 허락을 받을 만큼 막강한 힘을 소유하고 있었습니다.

그렇기 때문에 그 당시에는 자신이 바로 얼마 뒤 장대에 매달려 죽을 것은 생각지도 못했을 것입니다. 하지만 에스더 7장의 마지막 절은 그의 죽음을 언급하고 있습니다. 그것도 그냥 죽는 것이 아니라 자기가 증오하던 모르드개를 죽이려고 만든 장대에 매달려 죽는 수모를 당합니다. 하지만 비록 장대에 매달려 죽지는 않는다 하더라도 자신의 임박한 미래를 예측하지 못하고 희희낙락했던 하만처럼 우리도 그와 비슷한 삶을 살아갈 때가 많습니다.

인간은 누구나 시한부 인생을 삽니다. 길어야 100년입니다. 사형집행을 며칠 남겨둔 사람이나 100년을 사는 사람이나 죽는 것은 마찬가지입니다. 하지만 우리는 이런 사실을 잊고 살아갑니다. 마치 영원히 살 것처럼 말입니다.

만일 하만이 몇 년 뒤에 자신이 죽는다는 것을 알았다면 과연 어떻게 살았을까요? 아마 그는 무리해서 유대인 학살을 계획하지 않았을 것이며, 모르드개가 자신에게 절하지 않은 것 때문에 분노하지 않았을 것입니다. 그가 분노하고 영원히 살 것처럼 교만했던 것은 자기 인생의 끝을 보지 못했기 때문입니다. 그의 비극은 세상에는 끝이 있고 인생에는 종착역이 있다는 사실을 모르고 있었다는 사실입니다. 우리 또한 인생의 마지막을 생각하지 못하고 살아간다면 하만과 같은 실수를 범할 가능성이 있습니다.

하지만 이 세상과 인생에 끝이 있다는 것은 비극이 아니라 희망입니다. 그 끝이 더 이상 아무것도 존재하지 않는 영원한 끝이라면 슬프고 허무하겠지만 하나님의 백성들에게는 하나님의 나라가 기다리고 있기 때문에 세상의 종말은 오히려 기쁨이 됩니다. 그것이 바로 우리가 참여할 잔치입니다.

결말을 아는 사람들의 자세
하나님이 정한 때를 기다리기

에스더서는 유대인이 굉장히 좋아하는 책이며, 그 중에서도 에스더서 7장은 유대인이 가장 감격해하는 장입니다. 이는 마치 우리나라가 일본 제국주의의 굴레에서 해방된 순간을 묘사해 놓은 문서를 읽을 때 기뻐하고 감격해하는 것과 마찬가지입니다. 그들이 7장을 좋아하는 것은 그들이 자신들을 진멸하려는 사람들의 끝을 보았기 때문입니다. 조상들이 심각한 위기를 벗어나는 것은 물론이고 원수가 비참한 죽음을 맞이하는 모습을 보았기 때문에 그들은 안도하고 기뻐하는 것입니다.

하지만 그들이 그 결말을 모를 때는 무척 괴로운 하루하루를 보냈을 것입니다. 모르드개와 유대인이 애통하고 금식하던 장면을 생각해 보십시오. 그들은 자신들이 죽을 운명에서 벗어나고 오히려 대적이 죽음을 당할 것이라는 사실을 전혀 몰랐습니다. 만일 그들이 결말을 알았다면 긴장하지도 괴로움에 발버둥치지도 않았을 것이며 느긋하게 웃어넘겼을 것입니다. 그리고 그 하만을 불쌍하게 쳐다보았을 것입니다.

예수님께서도 어리석은 부자의 비유에서 부자의 마지막 순간을 내다보며 말씀하셨습니다. 자신에게 닥칠 마지막 순간을 모르는 부자는, 오늘의 풍년을 보고 곳간을 늘리는 일에만 정신이 팔려 있었습니다. 그러니 그는 어리석은 사람일 수밖에 없었습니다. 하지만 모르드개는 하만과 자신이 어떻게 될지 알지 못했기 때문에 슬픔에 가득 차 있었습니다. 에스더도 죽으면 죽으리라고 결단을 내렸지만 그녀는 그 결말을 몰랐기 때문에 불안할 수밖에 없었습니다. 이처럼 그 결말을 모른다는 것은 무척 힘든 일입니다.

자녀를 군대에 보내면 비록 마음은 아프지만 제대하고 집으로 돌아올 것을 예측하기에 부모는 초조해하지 않습니다. 하지만 자녀가 집을 나가면 당장 불안하고 초조해지는 이유는 그 끝을 예측할 수 없기 때문입니다. 이는 입시생이 시험을 본 뒤 불안해하는 것과 마찬가지입니다.

끝을 명확히 아는 자는 오늘의 고통을 견딜 수 있습니다. 자신이 겪는 고통이 영원한 것이 아니기 때문입니다. 그런데 인생의 결말을 알 수 없다는 이유로 자신이 원하는 수준까지의 끝, 안주할 수 있는 현재만을 생각하는 사람들도 있습니다. 하지만 이는 인생을 살아가는 올바른 자세가 아닙니다.

산상수훈에 보면 "내일 일은 내일이 염려할 것이요 한 날의 괴로움은 그날로 족하니라"(마 6:34)고 되어 있습니다. 이는 언뜻 보면 현재만을 생각하라는 말씀처럼 보입니다. 하지만 오늘 일에 만족할 수 있는 것은 내일에 대한 확신이 있기 때문입니다. 내일을 보장하신 하나님을 알고 있기에 오늘에 만족할 수 있는 것입니다.

우리가 오늘에만 집착하면 하나님이 침묵하시는 것처럼 생각할 수 있습니다. 하만이 유대인을 진멸하겠다는 결재를 받아냈을 때 하나님은 침묵하는 듯합니다. 하만이 모르드개를 죽이려고 장대를 세울 때 하나님은 침묵하는 듯합니다. 하지만 결정적인 순간에 하나님의 침묵은 우리가 생각하는 침묵과 동일하지 않다는 사실이 밝혀졌습니다. 그것은 무엇을 말합니까? 하나님은 자신이 정한 순간이 올 때까지 기다리시는 분이십니다. 그 순간에 모든 것이 결정됩니다. 그러므로 그리스도인들은 하나님이 정한 결정적인 순간을 기다릴 줄 알아야 합니다. 하지만 그것은 결코 쉬운 일이 아닙니다. 사람들은 지금 당장 눈앞에 드러나는 것에 의존하고 집착하기 때문입니다.

사람들은 자신들이 정한 시간까지 문제를 해결해 달라고 하나님께 우격다짐으로 조르는 경우가 많습니다. 기다리는 하나님의 마음을 알면 기다릴 수 있을 텐데 우리는 그것을 모르기 때문에 하나님께 빨리 결말을 보여 달라고 구합니다. 하지만 하나님은 자신이 정한 가장 합리적인 순간까지 기다리라고 하시며 하나님 또한 그때를 기다리십니다. 우리가 기다려야 하는 것은 하나님이 우리를 기다리고 계시기 때문입니다.

에스더와 모르드개를 하나님은 기다리셨습니다. 그들은 에스더라는 드라마의 결말을 알지 못해 괴로워했지만 그것을 하나님이 결정하신다는 사실은 알고 있었습니다.

하나님은 우리의 고통을 당장이라도 덜어줄 수 있는 권세와 능력을 갖고 계십니다. 하지만 하나님은 우리에게 자신이 예비한 때를 기다리게 함으로써 우리를 자라게 하십니다.

주어진 역할을 감당한 에스더와 모르드개
하나님의 기대에 부응하기

하나님은 유대인이 겪는 고통을 보며 많이 괴로워하셨을 것입니다. 그러나 하나님은 그 결말을 알고 계셨기에 그때까지 기다리셨습니다. 그분은 역사를 이끌어 가시는 합리적인 분이시기 때문에 자신의 백성들이 정확한 때에 움직이길 기대하셨습니다. 그리고 모르드개와 에스더는 그런 하나님의 기대에 정확히 부응합니다.

본문에서 에스더는 하나님이 정한 때를 기다리는 사람입니다. 그녀는 "죽으면 죽으리이다"라고 왕에게 나아가기 전에 금식하며 왕에게 나아갈 때를 기다린 여인이었습니다. 또한 왕에게 나아간 뒤에 왕이 소원을 물었을 때 바로 그것을 말하지 않고 두 번의 잔치를 준비하며 소원을 말할 때를 기다렸습니다.

비록 그녀 또한 완전한 결말을 알지 못했기 때문에 슬프고 두려웠지만 하나님을 신뢰했기 때문에 때를 기다렸습니다. 그리고 하나님이 정한 때를 알게 되었을 때 그녀는 지혜롭게 자신이 원하는 것을 드러냈습니다.

오래 참고 하나님의 때를 기다린 것은 모르드개도 마찬가지였습니다.

그는 사촌동생을 키울 때도 아마 오래 참고 기다렸을 것입니다. 이방 땅에서 사촌동생의 부모 역할까지 해야 했기 때문에 아마 표현하기 힘든 어려움이 많았을 것입니다. 역모를 해결한 공을 세우고도 합당한 대접을 받지 못했을 때는 참기 힘든 모멸감까지 느꼈을 것입니다. 어쩌면 에스더에게 줄을 대어 승진시켜 달라고 요구하고 싶었을 수도 있습니다. 하지만 그는 그렇게 하지 않고 묵묵히 자기 일을 수행했습니다.

모르드개는 민족의 원수 아말렉 족속의 대표 격인 하만과의 자존심 싸움에서 처절하게 패배해 동족 전체를 위기에 빠뜨렸을 때도 그는 세상적인 방법으로 문제를 해결하기보다 하나님의 때를 기다리며 금식했습니다. 자신에게 지극히 불리한 상황이 이어지는데도 그는 세상적인 방법으로 문제를 해결하려고 하지 않았습니다.

이처럼 그리스도인이 하나님이 정한 때를 기다린다는 것은 현실을 직시하는 눈이 있다는 것입니다. 에스더와 모르드개는 모두 하나님의 때를 기다렸습니다. 그때까지는 준비하고 기도하며 자신이 할 수 있는 최선의 노력을 했습니다. 그리고 그때가 포착되었을 때 그들은 주저하지 않고 주어진 역할을 감당했습니다.

잔치의 절정
모든 상황을 주관하시는 하나님

잔치 장면을 떠올려 보십시오. 끌려오듯 잔치에 참여하게 된 하만과 즐겁게 술을 마시는 왕, 그리고 침착한 표정으로 잔치의 여유를 즐기는 에스더가 있습니다. 이제 아말렉 족속의 대표 격인 하만과 모르드개를 비롯한 유대인의 대리인 격인 에스더의 입장은 정반대가 됩니다. 에스더는 성급하게 서둘지 않고 둘째 날 잔치까지 기다렸다가 왕이 다시 소원을 물을 때까지 기다립니다. 그리고 왕이 물었을 때 하나님이 주신 지혜로 대답합니다. 에스더서 7장 3절을 보십시오.

"왕후 에스더가 대답하여 이르되 왕이여 내가 만일 왕의 목전에서 은혜를 입었으며 왕이 좋게 여기시면 내 소청대로 내 생명을 내게 주시고 내 요구대로 내 민족을 내게 주소서."

이것은 그녀가 왕의 마음을 정확하게 읽고 있었다는 말입니다. 왕이 처음 그녀에게 소원을 물었을 때 그녀는 "우리 민족을 구원해주소서" 하고 얘기할 수도 있었습니다. 하지만 그녀는 상황이 무르익을 때까지 기다렸다가 둘째 날 잔치에 왕이 재차 소원을 묻자 드디어 자신의 뜻을 밝힙니다. 이때 그녀는 자신을 사랑스럽게 여기는 왕의 마음을 알고 있었기 때문에 자신을 먼저 언급하고 그 뒤에 자신의 동족인 유대인을 구원해 달라고 이야기합니다.

사실 왕후 에스더가 자신의 생명의 위태로운 상황에 놓여 있다고 했을 때 왕은 깜짝 놀랄 수밖에 없었을 것입니다. 제국의 왕후라면 궁에서 왕 다음으로 높은 지위에 있고 아무런 염려가 없을 것 같은데 그런 그녀가 생명을 구해 달라고 하니 모든 시선이 집중될 수밖에 없었을 것입니다. 그때 에스더는 처음으로 자신이 유대인임을 드러냈다고 합니다. 에스더는 자신에 대한 왕의 사랑을 유대인에 대한 관심으로 이어지도록 지혜롭게 이야기합니다.

그리고 그녀는 왕의 자존심을 건드리지 않았습니다. 왕은 예전에 하만으로부터 돈을 받고 유대인 학살을 허락한 사람입니다. 그렇기 때문에 그 사실을 언급하지 않고 오로지 자기 민족의 상황, 그것도 학살되기 일보 직전의 상황에 대해서만 언급합니다.

이때 왕은 누가 그런 일을 시행했느냐고 반응합니다. 에스더의 지혜가 바로 이런 반응을 유도해낸 것입니다.

그녀는 하나님의 때를 기다렸지만 그때를 포착했을 때 자신이 가지고 있던 지혜를 총동원했습니다. 그리고 주저하지 않고 그 원수가 바로 하만이라고 대답합니다.

"에스더가 이르되 대적과 원수는 이 악한 하만이니이다 하니 하만이 왕과 왕후 앞에서 두려워하거늘"(에 7:6).

그때 왕은 하만이 자신의 눈과 귀를 가리고 전횡을 일삼았다는 사실을 알게 됩니다. 하만도 성공가도를 달려온 자신의 인생에 끝이 다가온 것을 직감합니다. 그래서 그는 칼자루를 쥐고 있는 왕후 에스더에게 살려 달라고 매달립니다. 하지만 그런 행동이 오히려 그의 죽음을 재촉했습니다.

에스더서 7장 7절을 보면 왕은 노하여 일어나 왕궁 후원으로 들어갔다고 기록되어 있습니다. 아마도 왕은 하만에게 농락당한 자신의 어리석음에 대해 노한 마음을 가눌 길 없었기 때문에 자리를 박차고 일어났을 것입니다.

하지만 대 제국을 다스리는 왕의 입장에서는 총리와 같은 신하의 수뇌를 제거해 달라는 왕후의 소원을 듣고 잠깐 시간을 내어 고민하고자 했을 수도 있습니다. 총리라는 직위를 지닌 사람을 죽이는 결정은 아마 누구라도 쉽지 않았을 것입니다. 그러나 결정적인 순간 하만이 에스더를 붙잡고 늘어짐으로써 왕은 하만을 죽이기로 결정하게 됩니다.

일반적인 경우라면 자기 목숨이 경각에 달린 사람이 칼자루를 쥐고 있는 사람을 그것도 왕궁이라는 눈이 많은 장소에서 강간하려고 한다는 것은 상상조차 못할 일입니다. 평소라면 왕도 그렇게 생각했을 것입니다. 하지만 에스더에 대한 사랑에 눈이 멀고 하만에 대한 분노 때문에 그는 하만이 왕후 에스더를 강간하려는 것으로 생각해 버립니다.

그리고 내시 하르보나가 하만이 모르드개를 매달 장대를 준비했다는 사실을 왕에게 알립니다. 하만이 사람들에게 모르드개의 끝을 알리고 다녔던 바로 그 장대에 이제 하만이 매달립니다. 왕은 하만이 장대에 달린 것을 보고서야 노를 그쳤습니다.

아마도 왕은 지금과 같은 상황이 올 것이라고는 예상하지 못했을 것입니다. 사랑스러운 왕후마저 하만을 잔치에 초대했을 때 왕은 하만과 계속 의기투합해야겠다고 생각했을 것입니다. 그러나 그런 마음은 얼마 지나지 않아 하만을 죽이는 것으로 끝을 맺습니다.

이처럼 우리가 살아가는 인생이라는 드라마의 결말을 예측할 수 있는 사람은 아무도 없습니다. 우리 자신도 우리 인생의 끝을 예측할 수 없습니다. 하지만 분명한 사실은 우리가 끝이 있는 세상에서 살고 있다는 것입니다.

위대한 결말
마지막 순간을 아는 사람들의 기쁨

그렇다면 치밀하게 완성한 유대인 학살 프로젝트가 일순간 무너지고 제국의 총리로서 권세를 자랑하던 하만이 허무하게 생을 마감한 모습을 보며 무엇을 깨달을 수 있습니까? 하나님께 자신의 모든 것을 맡기고 그 분의 때를 기다리며 승리한 모르드개와 에스더의 삶을 통해 우리는 어떤 사실을 배울 수 있습니까?

첫째, 이 세상은 영원하지 않다는 사실입니다. 언젠가는 끝이 납니다. 이것을 우리 개인적으로 적용하면 우리의 죽음은 세상의 끝입니다. 믿지 않는 사람들도 이런 사실은 잘 알고 있습니다. 그러나 그들은 그 사실을 알고만 있지 자신이 알고 있는 사실을 삶에 적용하며 살지는 않습니다.

둘째, 세상 사람들은 자기 인생이 끝난 뒤에 어떤 일이 벌어질지에 대해 전혀 모르며 알고 싶어 하지도 않습니다. 그들의 관심사는 바로 지금 자신들이 무엇을 먹을까, 무엇을 마실까, 무엇을 입을까에 집중되어 있습니다. 그렇기 때문에 그들은 생명이 끝난 뒤의 문제에 대해서는 전혀 관심을 갖지 않습니다.

셋째, 세상 사람들은 인생이라는 드라마를 연출하시는 분이 하나님이라는 사실을 모르고 있습니다. 모든 상황을 주관하시고 이끌어 가시는 하나님이 세밀하고 정교하게 개입하고 있다는 사실을 모르고 있기 때문에 그들은 자신만을 믿고 교만하게 살아갑니다.

우리 그리스도인들도 앞으로 어떤 일이 벌어질지 모른다는 점은 세상 사람들과 마찬가지입니다. 그러나 우리는 인생의 마지막과 새로운 시작을 주관하시며 그 모든 순간 우리를 인도하시는 하나님을 분명히 알고 있습니다.

우리가 그 사실을 인식하며 살 때 우리는 안정과 여유를 갖고 날마다 하나님이 베풀어 주시는 잔치를 체험하며 살 수 있는 것입니다. 당장은 어렵고 힘든 일을 경험한다 하더라도 하나님이 예비한 마지막 순간에 그 모든 괴로움은 해소될 것입니다. 그렇기 때문에 그리스도인들에게 희망이 있는 것입니다.

그러므로 믿음이란 바로 그 결말을 주관하시는 하나님을 인식하는 것입니다. 자신의 공로를 인정받지 못했다고 해서 좌절하거나 세상적인 방법에 의지해서는 안 됩니다. 또한 자신에게 부와 명예가 주어졌다 하더라도 그것에 의지해서는 안 됩니다. 모르드개나 에스더처럼 자신에게 주어진 때를 묵묵히 기다리며 하나님이 움직이시길 기다려야 합니다.

변화무쌍한 세상사 속에서 그 결말을 아는 사람은 교만하지 않고 겸손합니다. 마지막 순간에 이루어질 일을 알기 때문입니다. 그것이 바로 예수님을 믿는 기쁨입니다.

8장

하나님이 다스리는 영광의 세상

그날 아하수에로 왕이 유다인의 대적 하만의 집을 왕후 에스더에게 주니라 에스더가 모르드개는 자기에게 어떻게 관계됨을 왕께 아뢰었으므로 모르드개가 왕 앞에 나오니 왕이 하만에게서 거둔 반지를 빼어 모르드개에게 준지라 에스더가 모르드개에게 하만의 집을 관리하게 하니라 에스더가 다시 왕 앞에서 말씀하며 왕의 발 아래 엎드려 아각 사람 하만이 유다인을 해하려 한 악한 꾀를 제거하기를 울며 구하니 왕이 에스더를 향하여 금 규를 내미는지라 에스더가 일어나 왕 앞에 서서 이르되 왕이 만일 즐거워하시며 내가 왕의 목전에 은혜를 입었고 또 왕이 이 일을 좋게 여기시며 나를 좋게 보실진대 조서를 내리사 아각 사람 함므다다의 아들 하만이 왕의 각 지방에 있는 유다인을 진멸하려고 꾀하고 쓴 조서를 철회하소서 내가 어찌 내 민족이 화 당함을 차마 보며 내 친척의 멸망함을 차마 보리이까 하니 아하수에로 왕이 왕후 에스더와 유다인 모르드개에게 이르되 하만이 유다인을 살해하려 하므로 나무에 매달렸고 내가 그 집을 에스더에게 주었으니 너희는 왕의 명의로 유다인에게 조서를 뜻대로 쓰고 왕의 반지로 인을 칠지어다 왕의 이름을 쓰고 왕의 반지로 인친 조서는 누구든지 철회할 수 없음이니라 하니라 그때 시완월 곧 삼월 이십삼일에 왕의 서기관이 소집

되고 모르드개가 시키는 대로 조서를 써서 인도로부터 구스까지의 백이십칠 지방 유다인과 대신과 지방관과 관원에게 전할새 각 지방의 문자와 각 민족의 언어와 유다인의 문자와 언어로 쓰되 아하수에로 왕의 명의로 쓰고 왕의 반지로 인을 치고 그 조서를 역졸들에게 부쳐 전하게 하니 그들은 왕궁에서 길러서 왕의 일에 쓰는 준마를 타는 자들이라 조서에는 왕이 여러 고을에 있는 유다인에게 허락하여 그들이 함께 모여 스스로 생명을 보호하여 각 지방의 백성 중 세력을 가지고 그들을 치려하는 자들과 그들의 처자를 죽이고 도륙하고 진멸하고 그 재산을 탈취하게 하되 아하수에로 왕의 각 지방에서 아달월 곧 십이월 십삼일 하루 동안에 하게 하였고 이 조서 초본을 각 지방에 전하고 각 민족에게 반포하고 유다인들에게 준비하였다가 그날에 대적에게 원수를 갚게 한지라 왕의 어명이 매우 급하매 역졸이 왕의 일에 쓰는 준마를 타고 빨리 나가고 그 조서가 도성 수산에도 반포되니라 모르드개가 푸르고 흰 조복을 입고 큰 금관을 쓰고 자색 가는 베 겉옷을 입고 왕 앞에서 나오니 수산 성이 즐거이 부르며 기뻐하고 유다인에게는 영광과 즐거움과 기쁨과 존귀함이 있는지라 왕의 어명이 이르는 각 지방, 각 읍에서 유다인들이 즐기고 기뻐하여 잔치를 베풀고 그날을 명절로 삼으니 본토 백성이 유다인을 두려워하여 유다인 되는 자가 많더라 (에 8:1-17).

뒤바뀐 세상
에스더와 모르드개의 득세

죽음 같은 고통을 겪은 사람들은 그 충격 때문에 한동안 정신적 공황 상태에 빠지는 경우가 많습니다. 엄청난 사고나 위기 상황에서 가까스로 빠져나온 사람들에게서 우리는 이런 경우를 쉽게 찾아볼 수 있습니다.

본문에 등장하는 모르드개나 에스더의 경우도 마찬가지였습니다. 모르드개는 하만과 자존심 대결을 벌이다가 동족을 몰살시킬 뻔한 상황을 겪었습니다. 그에게는 아무런 희망도 없는 것 같았고 임박한 죽음만이 기다리고 있는 것 같았습니다. 하지만 결정적인 반전으로 그는 죽음에서 해방되었습니다.

에스더 또한 목숨을 걸고 왕 앞에 나아가는 모험을 했습니다. 제국의 왕후가 된 데 만족하며 평안한 삶을 누릴 수 있었기에 그녀는 더 두려웠고 무서웠을 것입니다. 하지만 하나님이 함께하셨기에 금식했음에도 그녀는 왕에게 사랑스러운 존재로 인정받을 수 있었습니다. 그리고 그것을 계기로 하만과의 대결에서 승리합니다.

이제 본문 에스더서 8장은 하만과 모르드개의 한판 대결이 끝난 7장에 이어 그 일의 결말을 더 자세히 보여줍니다. 8장에서 우리는 어려움에 처해 있던 모르드개와 에스더가 극한 어려움에서 벗어난 것을 보게 됩니다. 우선 그들의 지위와 생활환경이 크게 달라집니다.

"그날 아하수에로 왕이 유다인의 대적 하만의 집을 왕후 에스더에게 주니라 에스더가 모르드개는 자기에게 어떻게 관계됨을 왕께 아뢰었으므로 모르드개가 왕 앞에 나오니 왕이 하만에게서 거둔 반지를 빼어 모르드개에게 준지라 에스더가 모르드개에게 하만의 집을 관리하게 하니라"(에 8:1~2).

여기서 눈에 뜨는 동사들이 무엇입니까? 그것은 "주니라, 준지라, 관리하게 하니라"와 같은 것들입니다. 왕은 에스더에게 하만의 집을 주었고 모르드개에게는 그 집을 관리하게 함과 동시에 큰 직책을 하사합니다. 그들은 이제 더 이상 바랄 게 없을 정도로 막강한 권세와 부를 동시에 움켜쥐게 됩니다.

영원하지 않은 세상
보장되지 않는 부와 권세

이 정도 되면 모르드개와 에스더는 자신들이 누릴 수 있는 최대의 힘을 갖게 된 것입니다. 이제 하만과 그들의 입장이 완전히 바뀌게 되었습니다. 하만은 목숨을 잃은 것도 부족해서 자신의 모든 것을 잃었으며 두 사람은 살아남은 것은 물론이고 하만이 가지고 있던 모든 것을 얻었습니다.

뿐만 아니라 모르드개가 달라진 모습을 본문을 통해 구체적으로 찾아 볼 수 있습니다. 에스더서 8장 15~17절을 보십시오.

"모르드개가 푸르고 흰 조복을 입고 큰 금관을 쓰고 자색 가는 베 겉옷을 입고 왕 앞에서 나오니 수산 성이 즐거이 부르며 기뻐하고 유다인에게는 영광과 즐거움과 기쁨과 존귀함이 있는지라 왕의 어명이 이르는 각 지방, 각 읍에서 유다인들이 즐기고 기뻐하여 잔치를 베풀고 그날을 명절로 삼으니 본토 백성이 유다인을 두려워하여 유다인이 되는 자가 많더라."

그는 사회적 직위가 높아졌음은 물론이고 유대인으로부터 존경을 받고 신뢰를 받으며 의지의 대상이 되는 인물로 부각됩니다. 이제 유대인의 위상이 높아져서 본토 원주민들까지 대거 유대인으로 귀화하는 일까지 일어났습니다. 이 정도면 모르드개는 최고의 영광을 누리게 된 셈입니다.

이제 모르드개의 인생은 완전히 바뀌었습니다. 아마 그와 함께 문지기를 했던 사람들은 이런 변화의 주인공인 모르드개에 대한 이야기로 잠을 설쳤을 것입니다. 사람 팔자 새옹지마라는 말이 정말 맞는 얘기라며 뜬눈으로 밤을 새운 사람들도 많았을 겁니다.

이렇게 모르드개의 달라진 위상에 몰입하다 보면 자칫 그가 얼마 전까지도 고통스러운 상황에 처해 있었다는 사실을 간과할 수 있습니다. 단순히 하만을 제거하고 제국의 총리가 된 그의 현재 모습만을 보며 부러워할지도 모릅니다.

하지만 인간의 사회적 위상은 항상 변하는 것입니다. 가난하다고 해서 항상 가난하리라는 법도 없고 부자라고 해서 언제까지나 부자로 살 수 있다는 보장도 없습니다. 인간의 오늘과 내일은 언제든지 달라질 수 있습니다. 이것이 우리가 살아가는 인생입니다.

국민가수나 국민배우로 일컬어지던 사람들도 시간이 지나면 이름조차 거론되지 않는 경우도 있고, 유명한 댄스가수의 백댄서를 하던 무명의 인물이 순식간에 톱스타로 떠오르기도 합니다. 세계적으로 유명한 축구감독이 대표팀 감독으로 선임되면 그는 전 국민의 기대와 찬사를 한 몸에 받게 되지만, 국민의 기대에 부응하지 못하고 일정 기간 성적을 내지 못하면 즉시 사퇴 압력에 시달립니다. 그것이 바로 이 세상의 생리이며 시스템입니다.

지금까지 에스더와 모르드개, 그리고 하만이 걸어온 길을 돌아보십시오. 고아였던 소수민족 소녀 에스더는 왕후가 되었고, 문지기였던 모르드개는 총리가 되었으며, 대 제국의 총리였던 하만은 자신을 신임하던 왕에 의해 장대에 매달려 죽고 말았습니다. 오래전에 일어난 일이긴 하지만 이런 상전벽해와도 같은 격변은 요즘에도 동일하게 일어나고 있습니다.

세상은 바뀝니다. 순식간에 입장이 바뀔 가능성은 누구에게나 있습니다. 그러므로 우리는 자만해서도 안 되고 기가 죽어서도 안 됩니다. 겸비하고 겸손하면서도 자신감에 차 있어야 합니다. 외형적인 요소들은 우리 품에 잠깐 안겼다가 안개처럼 사라져버리기 때문에 그런 것들에 우리 인생을 걸어서는 안 됩니다. 그 대신 모르드개와 에스더처럼 하나님이 원하시는 일을 어떻게 감당할 수 있을지를 고민해야 합니다.

위기를 대비하는 자세
변화무쌍한 인생 인정하기

이제 모르드개와 에스더는 페르시아 제국에서 왕을 제외하고는 누구도 넘볼 수 없는 막강한 힘을 지니게 되었습니다. 하지만 이 세상을 살아가는 동안 그들이 또다시 위기를 맞지 않으리라는 보장은 없습니다. 모르드개가 상사였던 하만을 무시하고 자존심 대결을 벌여 죽음에 내몰린 것처럼 위기의 순간은 언제든지 다시 찾아올 수 있습니다.

1절에 나오는 "그날"이라는 단어에 집중해 보십시오. 그날은 바로 아하수에로 왕이 에스더에게 하만의 집을 준 날이었습니다. 그날이 오기까지 에스더는 실로 파란만장한 일들을 겪었습니다. 심지어 목숨을 내걸어야 하는 순간도 있었습니다. 그러나 "그날"을 맞이한 것입니다. 사실 지금의 분위기로 보면 항상 좋은 일이 있을 것처럼 보이지만 그런 날이 항상 지속되리라는 보장은 없습니다. 그날이 주어지는 것은 한순간입니다. 그리고 그 위치가 한동안 지속될 수 있습니다. 그러나 그것이 영원한 것은 아닙니다.

우리는 에스더서에서 시간을 알리는 "그날"과 같은 단어들이 많이 나오는 것을 볼 수 있습니다. 1장 1절에서는 "이 일은", 10절에서는 "제칠일에", 2장 1절과 3장 1절에서는 "그 후에", 3장 7절에서는 "아하수에로 왕 제십이년 첫째 달 곧 니산월에", 12절에서는 "첫째 달 십삼일에", 5장 1절에서는 "제삼일에", 9절에서는 "그날", 6장 1절에서는 "그날 밤에", 8장 1절에서는 "그날"이라는 표현이 나오며 그 뒤에도 계속됩니다.

이것은 바로 인간사의 변화를 이야기합니다. 인간이 살아가는 데는 얽히고설킨 실타래가 많습니다. 기쁨이 있으면 슬픔이 이어지고, 안정이 오는가 하면 위기가 오고, 평화가 오는가 하면 전쟁이 옵니다. 이처럼 "그날"에 대한 표현은 인간의 삶이 결코 단순하지 않다는 것을 의미합니다.

인생에는 굴곡이 많습니다. 오늘 영광을 쟁취한 사람을 외형적으로 보면 대단해 보이지만 그가 영광을 얻기까지 얼마나 많은 수모와 위기와 갈등을 겪었는지 모릅니다. 그 상처에 비하면 영광의 크기는 오히려 작을지도 모릅니다.

우리는 본문에서 모르드개와 에스더의 회복된 모습을 보면서 이제 모든 문제가 해결되었다고 생각할지 모릅니다. 그러나 그들은 쓰라린 고통의 순간을 견뎌내고 높은 자리에 앉게 되었다는 사실을 잊지 마십시오. 그렇기 때문에 사람을 외형적으로만 평가하는 것은 얼마나 위험한지 모릅니다. 인간의 삶은 결코 단순하지 않습니다.

우리는 쉽게 부러워하고 쉽게 무시합니다. 그러나 우리 눈에 보이는 것은 빙산의 일각입니다. 그 밑에는 더 깊은 세상이 있기에 그 깊이를 생각할 줄 알아야 합니다.

또다시 목숨을 걸고
하나님이 정하신 그곳을 향하여

엄청난 고통의 터널을 무사히 통과한 모르드개와 에스더는 이제 더 이상 걱정할 게 없을 것처럼 보입니다. 에스더는 왕의 사랑받는 아내로 입지를 더욱 굳게 다지게 되었으며, 모르드개는 왕 다음의 권력을 가진 총리가 되었습니다. 이제 그들은 당대 최고의 자리에 올라서게 된 것입니다. 그야말로 불행 끝, 행복 시작으로 큰 실수만 하지 않으면 추락할 염려는 없어 보입니다.

사람들은 성공하거나 원하던 일을 성취했을 때 안주하는 경향이 있습니다. 이제 개인적인 소망을 이루었고 살아갈 기반을 다졌으니 더 이상 힘써 노력할 필요는 없다는 것입니다. 작은 성공을 이룬 사람들이 이런 안주하려는 유혹에 빠지는 경우가 많습니다. 그러나 우리가 간과해서는 안 될 것이 있습니다. 우리가 성취한 작은 성공을 넘어서는 더 큰 영광이 기다리고 있다는 사실입니다. 에스더서 8장 3절을 보십시오.

"에스더가 다시 왕 앞에서 말씀하며 왕의 발 아래 엎드려 아각 사람 하만이 유다인을 해하려 한 악한 꾀를 제거하기를 울며 구하니."

3절 마지막 부분을 보면 "울며 구하니"라고 나옵니다. 우리는 8장 2절을 통해 에스더와 모르드개가 큰 영광을 얻었다는 사실을 알고 있습니다. 그래서 이제 그들이 부러워할 게 아무것도 없다는 것도 잘 알고 있습니다. 그런 에스더가 3절에서 다시 왕 앞에 엎드려 울며 구하고 있습니다. 사촌오빠 모르드개와 함께 잔치를 벌이고 있어야 할 에스더가 다시 왕 앞에 나아가 우는 이유는 무엇입니까?

그들이 받은 영광에 취해 마냥 행복해하며 시간을 보낸다면 유대인은 죽게 됩니다. 하만이 공포한 조서가 여전히 유효한 상태였기 때문입니다. 이미 유대인을 죽이라는 조서는 127개 지방에 배포된 상태였습니다. 그날이 오면 유대인은 몰살당하고 맙니다. 그 죽음의 순간은 정해진 시간이 되면 실행되는 것입니다. 마치 시한폭탄처럼 말입니다.

그들이 자신에게 주어진 직위와 재물에 만족하고 더 이상 움직이지 않았다면 그것은 개인적인 영광으로 끝나 버리고 국가적·민족적 영광으로 이어지지는 못했을 것입니다. 어떤 의미에서 그것은 완전한 성공이라고 할 수도 없었습니다. 그렇기 때문에 그들은 자신들만 누릴 수 있는 작은 영광에 몰입하지 않고 더 큰 영광을 위해서 모험을 감행했습니다.

하지만 말이 쉽지 그들은 이전보다 더 엄청난 고통을 감수해야 했습니다. 예전에는 더 이상 잃을 게 없었지만 이제 보장된 직위와 재물, 그리고 다시 목숨까지 걸어야 했기 때문입니다. 하지만 진정한 영광은 말할 수 없는 고통의 과정을 통해서 이루어지는 것입니다.

그들은 이미 왕의 사랑과 인정을 받게 되었기 때문에 가만히 있으면 호강하고 살 수 있습니다. 그러나 그렇게 되면 그들은 살지만 동족인 유대인은 몰살당하게 됩니다. 그렇기 때문에 그들은 이제 모든 것을 잃을 각오를 하고 민족의 영광을 위해 또다시 모험을 합니다. 하만과의 싸움에서 승리한 에스더가 왕에게 울며 나아간 이유는 그 때문이었습니다. 그녀는 더 큰 영광을 바라보았기에 이런 모험을 할 수 있었습니다.

에스더는 아직 진행 중이었던 유대인 말살 문제를 해결하기 위해서 다시 한 번 더 목숨을 걸고 앞 왕에 나아갔습니다. 그러고 나서 울며 구했습니다. 그녀는 시시각각 다가오고 있던 동족 말살의 위기를 벗어나기 위해, 죽은 하만이 남겨 놓은 그 시한폭탄의 뇌관을 제거하기 위해 자신의 모든 것을 걸었습니다.

8장 4절에서 왕이 금 규를 내민 것을 보면 그녀가 왕에게 나아간 것이 얼마나 위험한 상황이었는가를 단적으로 보여줍니다. 이는 왕이 불러서 간 것이 아니라 허락을 받지 않은 상태에서 목숨을 걸고 왕에게 나아갔다는 말입니다.

그리고 나서 에스더는 5절을 통해 왕에게 구체적인 사랑의 증표를 보여 달라고 요청합니다. 그녀는 "즐거워하시며, 은혜를 입었고, 좋게 여기시며, 좋게 보실진대"와 같은 다양한 검증 장치를 통해 왕에게 구체적인 사랑의 증거를 보여 달라고 합니다.

"이르되 왕이 만일 즐거워하시며 내가 왕의 목전에 은혜를 입었고 또 왕이 이 일을 좋게 여기시며 나를 좋게 보실진대 조서를 내리사 아각 사람 함므다다의 아들 하만이 왕의 각 지방에 있는 유다인을 진멸하려고 꾀하고 쓴 조서를 철회하소서"(에 8:5).

그녀는 진정한 사랑의 열매를 아내인 자신에게 보여 달라고 왕에게 부르짖습니다. 자신을 사랑한다면 지금 목숨을 걸고 왕에게 나아와 요청하는 간구를 들어 달라는 것입니다. 사랑은 실천으로 표현된다는 것을 에스더는 분명히 했습니다.

사랑의 실천 원리는 성경의 가장 큰 원리 가운데 하나입니다. 하나님은 인간을 사랑하시기 때문에 예수 그리스도를 보내심으로 사랑을 실천하셨습니다. 선지자와 사도들이 그런 삶을 살았으며 하나님의 위대한 자녀들 또한 그러했습니다.

안주할 수 있는 상황에서 에스더가 왕에게 나아가는 모험을 한 것은 동족을 사랑했기 때문입니다. 그녀는 개인적 영달에 만족하지 않고 동족을 구원하기 위해 왕에게 나아갑니다. 그녀는 개인적인 영광에 만족하지 않고 하나님이 보여주실 더 큰 영광을 기대하며 나아갑니다.

바뀌는 역사, 변화하는 사람들
희생과 헌신으로 얻은 영광

그런데 심각한 문제가 발생했습니다. 왕이 한번 내린 조서에 대해서는 왕이라 하더라도 마음대로 취소할 수 없었습니다. 에스더의 눈물은 왕을 난처하게 했을 것입니다. 그 당시 페르시아 법에 따르면 왕의 인이 찍힌 문서는 무효화할 수 없었기 때문입니다. 그래서 왕은 하만과 동일한 권한을 가진 사람을 통해 새 조서를 만들도록 한 뒤 후임자의 것으로 전임자의 것을 상쇄시켜 버리도록 했습니다. 그러니까 이제 남은 일은 모르드개가 얼마나 헌신적으로 몸으로 뛰며 문제를 수습하느냐에 달려 있습니다. 이 문제가 해결되면 그들은 동족과 함께 영광을 누릴 수 있는 것입니다.

모르드개의 헌신적이면서도 순발력 있는 모습을 유심히 살펴보십시오. 그는 왕의 명령을 최대한 빨리 수행하기 위해 왕의 일에 쓰는 준마를 이용했습니다. 시간을 늦추게 되면 동족이 임박한 위기를 벗어날 수 없었기 때문입니다. 그리고 나서 그는 동족으로 하여금 스스로를 보호할 수 있도록 조처한 뒤에 정한 날에 유대인을 치려했던 자들을 대상으로 원수를 갚게 합니다.

여기서 유대인과 공격자들의 입장이 180도 바뀐 것도 놀라운 일이지만, 유대인이 위기에서 벗어나는 모습을 본 본토인들이 유대인으로 귀화하는 것은 매우 놀라운 광경입니다.

종교를 바꾼다는 것은 세계관과 가치관, 그리고 문화적 전통까지 바꾸는 것입니다. 그러므로 이런 결단을 내린 사람들이 많아졌다는 사실은 유대인이 페르시아 사회에 막강한 영향력을 행사하게 되었다는 의미로 해석할 수 있습니다. 보잘것없어 보이던 소수민족 유대인, 그것도 바람 앞에 촛불처럼 사라질 위기에 처해 있던 그 민족이 하나님의 위력으로 막강한 권세를 갖게 된 것입니다.

세상 속에서 더 큰 영광을 위하여
내일의 영광을 위한 중단 없는 전진

모르드개와 에스더가 중단 없는 전진을 한 것처럼 내일의 영광은 오늘의 힘찬 전진이 없으면 이루어지지 않습니다. 또한 내일의 영광이 있기에 오늘 우리는 전진할 수 있는 것입니다. 내일이 있기에 우리는 오늘 최선을 다해 달릴 수 있습니다. 우리는 하나님 나라를 믿기에 오늘의 어려움을 견디며 힘차게 나아갈 수 있습니다.

그렇다면 우리가 관심을 갖고 있는 것은 무엇입니까? 눈앞에 있는 자신의 만족입니까, 아니면 하나님 나라입니까? 우리의 개인적인 욕심을 위해 달려간다면 얼마 가지 않아 지쳐 버리고 말 것입니다. 하지만 우리가 하나님이 주신 목표를 잊지 않고 달려갈 때 그분이 우리에게 필요한 모든 것을 채워주실 것입니다.

돈을 조금만 더 벌면, 혹은 시간이 조금만 더 있다면 다른 사람을 도와줄 수 있다고 장담하는 사람들이 있습니다. 하지만 그런 사람들일수록 정작 자신이 원하는 만큼 돈을 벌거나 시간이 확보된다 하더라도 다른 사람을 도와주지 못합니다. 그런 사람들은 자신만의 행복을 추구하는 사람들이기 때문에 다른 사람들에게 자신을 내어주기가 매우 힘들기 때문입니다.

중요한 것은 에스더와 모르드개처럼 자신만의 영광과 행복에 안주하지 않고 더 큰 영광을 향해 나아가는 것입니다. 개인을 넘어 이웃과 국가와 민족을 향한 헌신, 그리고 그것마저 초월해서 하나님의 영광을 위해 노력해야 합니다.

에스더와 모르드개가 그 시대에 하나님의 영광을 드러냈고 이를 통해 대 제국 페르시아에 하나님을 아는 자들이 많아졌습니다. 이처럼 하나님의 백성으로서 하나님 나라의 영광을 드러내기 위해, 하나님의 나라를 이 땅에 이루기 위해 우리 삶을 헌신해야 합니다. 하나님의 나라를 향한 중단 없는 전진, 그것이 바로 우리의 인생 목표가 되어야 합니다.

4부

하나님이 만들어가시는 위대한 세상

9장 승리의 세상
두 개의 조서 | 승리의 결정적 요인 | 완벽한 승리 | 물질과 사람의 능력을 뛰어넘는 위대한 배경 | 경계해야 할 합리화와 정당화 | 부림의 교훈

10장 영원한 세상을 향하여
세 문장의 위력 | 샬롬 엔딩 | 위기 극복을 넘어 샬롬으로 | 우연과 운을 거부하기 | 영광의 샬롬

9장

승리의 세상

아달월 곧 열두째 달 십삼일은 왕의 어명을 시행하게 된 날이라 유다인의 대적들이 그들을 제거하기를 바랐더니 유다인이 도리어 자기들을 미워하는 자들을 제거하게 된 그날에 유다인들이 아하수에로 왕의 각 지방, 각 읍에 모여 자기들을 해하고자 한 자를 죽이려 하니 모든 민족이 그들을 두려워하여 능히 막을 자가 없고 각 지방 모든 지방관과 대신들과 총독들과 왕의 사무를 보는 자들이 모르드개를 두려워하므로 다 유다인을 도우니 모르드개가 왕궁에서 존귀하여 점점 창대하매 이 사람 모르드개의 명성이 각 지방에 퍼지더라 유다인이 칼로 그 모든 대적들을 쳐서 도륙하고 진멸하고 자기를 미워하는 자에게 마음대로 행하고 유다인이 또 도성 수산에서 오백 명을 죽이고 진멸하고 또 바산다다와 달본과 아스바다와 보라다와 아달리야와 아리다다와 바마스다와 아리새와 아리대와 왜사다 곧 함므다다의 손자요 유다인의 대적 하만의 열 아들을 죽였으나 그들의 재산에는 손을 대지 아니하였더라 그날에 도성 수산에서 도륙한 자의 수효를 왕께 아뢰니 왕이 왕후 에스더에게 이르되 유다인이 도성 수산에서 이미 오백 명을 죽이고 멸하고 또 하만의 열 아들을 죽였으니 왕의 다른 지방에서는 어떠하였겠느냐 이제 그대의 소청이 무엇이냐 곧 허락하겠노라 그대의 요구가 무엇이냐 또한 시행하겠노라 하니 에스더가 이르되 왕이 만일 좋게 여기시면 수산에 사는 유다인들이 내일도 오늘 조서대로 행하게 하시고 하만의 열 아들의 시체를 나무에 매달게 하소서 하니 왕이 그대로 행하기를 허락하고 조서를 수산에 내리니 하만의 열 아들의 시체가 매달리니라 아달월 십사일에도 수산에 있는 유다인이 모여 또 삼백 명을 수산에서 도륙하되 그들의 재산에는 손을 대지 아니하였고 왕의 각 지방에 있는 다른 유다인들이 모여 스스로 생명을 보호하여 대적들에게서 벗어나며 자기들을 미워하는 자 칠만 오천 명을 도륙하되 그들의 재산에는 손을 대지 아니하였더라 아달월 십삼일에 그 일을 행하였고 십사일에 쉬며 그날에 잔치를 베풀어 즐겼고 수산에 사는 유다인들은 십삼일과 십사일에 모였고 십오일에 쉬며 이날에 잔치를 베풀어 즐긴지라 그러므로 시골의 유다인 곧 성이 없는 고을고을에 사는 자들이 아달월 십사일을 명절로 삼아 잔치를 베풀고 즐기며 서로 예물을 주더라 모르드개가 이 일을 기록하고 아하수에로 왕의 각 지방에 있는 모든 유다인에게 원근을 막론하고 글을 보내어 이르기를 한 규례를 세워 해마다 아달월 십사일과 십오일을 지키라 이 달 이날에 유다인들이 대적에게서 벗어나서 평안함을 얻어 슬픔이 변하여 기쁨이 되고 애통이 변하여 길한 날이 되었으니 이 두 날을 지켜 잔치를 베풀고 즐기며 서로 예물을 주며 가난한 자를 구제하라 하매 유다인이 자기들이 이미 시작한 대로 또한 모르드개가 보낸 글대로 계속하여 행하였으니 곧 아각 사람 함므다다의 아들 모든 유다인의 대적 하만이 유다인을 진멸하기를 꾀하고 부르 곧 제비를 뽑아 그들을 죽이고 멸하려 하였으나 에스더가 왕 앞에 나아감으로 말미암아 왕이 조서를 내려 하만이 유다인을 해하려던 악한 꾀를 그의 머리에 돌려보내어 하만과 그의 여러 아들을 나무에 달게 하였으므로 무리가 부르의 이름을 따라 이 두 날을 부림이라 하고 유다인이 이 글의 모든 말과 이 일에 보고 당한 것으로 말미암아 뜻을 정하고 자기들과 자손과 자기들과 화합한 자들이 해마다 그 기록하고 정해 놓은 때 이 두 날을 이어서 지켜 폐하지 아니하기로 작정하고 각 지방, 각 읍, 각 집에서 대대로 이 두 날을 기념하여 지키되 이 부림일을 유다인 중에서 폐하지 않게 하고 그들의 후손들이 계속해서 기념하게 하였더라 아비하일의 딸 왕후 에스더와 유다인 모르드개가 전권으로 글을 쓰고 부림에 대한 이 둘째 편지를 굳게 지키게 하되 화평하고 진실한 말로 편지를 써서 아하수에로의 나라 백이십칠 지방에 있는 유다 모든 사람에게 보내어 정한 기간에 이 부림일을 지키게 하였으니 이는 유다인 모르드개와 왕후 에스더가 명령한 바와 유다인이 금식하며 부르짖은 것으로 말미암아 자기와 자기 자손을 위하여 정한 바가 있음이더라 에스더의 명령이 이 부림에 대한 일을 견고하게 하였고 그 일이 책에 기록되었더라(에 9:1-32).

두 개의 조서
유대인과 대적들이 벌이는 최후의 격전

이 세상은 전쟁터와도 같습니다. 결코 호락호락하지 않으며 쉽게 지나가는 것도 없습니다. 그것은 믿는 자들에게나 믿지 않는 자들에게나 마찬가지입니다. 마지막 순간까지 방심해서는 안 되는 게 바로 이 세상의 생리입니다.

무협 영화를 보거나 SF 스릴러를 보면 주인공의 영웅적인 활약으로 그 대적들은 비참한 최후를 맞이합니다. 하지만 거의 상황이 종료되었다 싶은 순간에 돌아서는 주인공을 향해 죽어가던 대적의 비수가 날아듭니다. 그리고 결말은 영웅이 그 대적과 함께 죽거나, 아니면 그것을 가까스로 피한 뒤에 다시 대적을 제거하는 것으로 끝납니다.

비록 영화라 하나 이것은 세상이라는 드라마에서 이루어지는 모든 상황을 대변해줍니다. 아무리 뛰어난 활약을 펼친 영웅이라 하더라도 단 한순간의 방심으로 모든 것을 잃게 될 수도 있다는 말입니다.

본문의 상황도 마찬가지입니다. 에스더서 8장을 보면 모르드개의 주도 아래 페르시아 제국 전역에 유대인을 대적하는 무리들을 제거하라는 조서가 내려집니다. 그리고 본토인들조차 유대인을 두려워하여 많은 사람들이 유대인으로 귀화했다고 기록되어 있습니다. 그런데도 아직 상황이 완전히 끝난 것은 아니었습니다. 왜냐하면 유대인을 죽이려고 작정하고 있던 대적들이 여전히 살아 있었기 때문입니다.

한번 왕이 내린 조서는 왕조차 바꿀 수 없었기 때문에 비록 모르드개가 왕의 이름으로 새로운 조서를 내렸다고는 하나 하만이 정한 도륙의 날이 되었을 때 그 조서를 빌미로 유대인을 죽이려 하는 대적들이 나타날 가능성은 여전히 남아 있었습니다. 그렇기 때문에 모르드개는 치밀한 계획을 세워 새로운 조서를 빨리 각 지방으로 전했고 유대인이 힘을 합쳐 대적들을 도륙하게 함으로써 혹시라도 일어날 불상사를 미리 예방하려고 했습니다.

그런데 하만이 유대인을 도륙하려 했던 날과 모르드개가 유대인의 대적을 도륙하라고 공포한 날이 같은 날이라는 사실은 역사의 아이러니를 보여줍니다. 대적들은 유대인을 마음대로 도륙하고 재산을 탈취할 것을 꿈꾸고 있었을 겁니다. 하지만 바로 그날 자신들이 목숨을 잃는 치욕을 겪게 되리라고는 꿈에도 생각하지 못했을 것입니다. 무속인이 정해준 바로 그 길일에 그들은 자신들의 목숨을 내놓아야 하는 상황에 처한 것입니다.

승리의 결정적 요인
하나님의 대리인들의 활약

이제 유대인에게 닥쳤던 위기는 9장을 통해 시원하게 해결됩니다. 본문은 유대인과 유대인을 죽이려 하는 세력과의 전쟁을 이야기합니다. 그 전쟁이 일어난 이유는 2개의 다른 조서 때문입니다.

전임 총리였던 아말렉 족속 하만은 유대인을 섬멸하기 위해 12월 13일에 모든 유대인을 죽이라는 조서를 내렸습니다. 그런데 나중에 모르드개가 총리가 되었다 하더라도 한번 내린 왕의 조서의 내용은 바꾸거나 취소할 수 없었습니다. 그래서 모르드개는 대적들이 유대인을 죽이려고 하는 바로 그날에 대적을 죽이라는 조서를 내린 것입니다.

그러니까 2개의 다른 조서가 그날 동시에 효력을 발휘하게 되는 것입니다. 하만이 죽고 모르드개가 대신 총리가 되었고 그가 주도해서 또 다른 조서를 내렸다 하더라도 하만의 조서가 취소되는 것은 아니었습니다. 유대인을 죽이라는 하만의 조서도 유효하고, 유대인의 대적들을 죽이라는 모르드개의 조서도 유효한 상황입니다. 여전히 2개의 조서가 살아 있다는 말입니다. 이러한 2개의 조서는 서로 상반된 내용을 담고 있기 때문에 그 결과는 당연히 전쟁에 버금가는 충돌로 이어질 수밖에 없습니다. 하지만 이 전쟁은 매우 싱겁고 간단하게 끝이 납니다.

그렇게 이 전쟁이 쉽게 끝난 이유가 무엇입니까?

첫째, 유대인 말살 프로젝트를 입안했던 실세 하만이 죽었습니다.

둘째, 하만과 적대관계에 있던 모르드개가 총리 자리에 앉게 되었으며 유대인인 에스더가 왕후로 있습니다.

셋째, 많은 관료들이 모르드개의 힘을 의식하고 유대인을 죽이려고 하는 사람들을 지지하지 않았습니다.

넷째, 모르드개의 명성이 매우 높았기 때문입니다.

그러니 이것은 상대가 되지 않는 전쟁이었습니다. 왜냐하면 유대인을 죽이려고 나서는 것은 당시의 상황으로 볼 때 자신들의 목숨을 내놓는 것이나 마찬가지였기 때문입니다. 그 결과를 에스더서 9장 5~9절은 이렇게 말하고 있습니다.

"유다인이 칼로 그 모든 대적들을 쳐서 도륙하고 진멸하고 자기를 미워하는 자에게 마음대로 행하고 유다인이 또 도성 수산에서 오백 명을 죽이고 진멸하고 또 바산다다와 달본과 아스바다와 보라다와 아달리야와 아리다다와 바마스다와 아리새와 아리대와 왜사다 곧 함므다다의 손자요 유다인의 대적 하만의 열 아들을 죽였으나 그들의 재산에는 손을 대지 아니하였더라."

이 도륙의 현장에서 10명에 이르는 하만의 아들들이 죽었는데 그들의 이름까지 세세하게 기록되어 있습니다. 이 정도면 이 전쟁은 유대인의 일방적인 승리, 그것도 아주 완벽한 승리를 보여줍니다.

엄청난 민족적 위기에 처해 있다가 일방적으로 상대방의 힘을 꺾은 유대인은 얼마나 자랑스러웠겠습니까? 그들은 가장 완벽한 승리를 거둔 것입니다. 그러니 유대인이 어찌 에스더서를 좋아하지 않을 수 있습니까?

그러면 우리에게 이 말씀은 어떤 의미가 있습니까? 에스더서는 유대인에게는 매우 놀랍고 감동적인 스토리지만, 우리에게는 그다지 감동적으로 다가오지 않을 수 있습니다. 그러나 이 메시지가 우리에게 주는 내면의 소리에 귀 기울여 보십시오. 우리가 에스더서를 통해 배울 수 있는 것은 이방인들의 틈바구니에서 승리한 유대인의 삶의 자세와 방식입니다. 이것은 오늘날 그리스도인들이 이 추악한 세상에서 어떻게 살아야 하는지 보여줍니다.

완벽한 승리
영원히 이어지는 기쁨의 축제

오늘날 우리도 에스더서의 유대인처럼 이방인들이 권력을 휘두르는 세상에서 살아가고 있습니다. 에스더서는 그리스도인들이 이런 세상에서 승리하려면 어떻게 살아야 하는지를 알려줍니다. 그리고 믿음에 기초한 창조적이고 풍성한 삶을 살아가려면 어떻게 해야 하는지 보여줍니다.

그렇다면 본문은 여러 가지 위기를 겪는 그리스도인들이 결국 승리하게 된다는 사실과 그 결과를 단적으로 보여줍니다. 우리는 역사의 작은 한 부분만을 의식하기 때문에 에스더서의 승리는 나의 것이 아니라고 생각할지 모릅니다. 그러나 그리스도인은 결국 승리한 사람입니다. 단지 승리가 마지막 순간에 크게 드러나기 때문에 의식하지 못할 뿐입니다. 그러나 믿음이란 현재의 시점에서 미래의 확실성을 바라보는 것을 말합니다.

사람들이 불안한 생활을 하는 것은 미래를 알지 못하기 때문입니다.

미래를 안다면 그 불안이 해소될 것이지만 사람들은 미래를 모릅니다. 심지어 몇 초 뒤의 상황조차 예측하지 못하는 게 바로 우리의 삶입니다. 그러다 보니 모든 생각이 자기 안으로 움츠러들고 옹졸해지고 근시안적이 되며 소심해집니다.

그 실제적인 예를 들면 "하나님이 살아 계신다면 왜 인간은 고통을 겪습니까? 하나님이 살아 계신다면 나는 왜 되는 일이 없습니까? 하나님의 살아 계신다면 나의 원수가 왜 잘삽니까?" 하고 질문합니다.

하지만 정작 이런 질문은 하지 않습니다. "하나님은 왜 인간 모두를 심판하지 않는 것입니까? 우리는 다 악한 존재들인데 말입니다." 이 질문과 비교했을 때 앞의 질문은 얼마나 이기적인 질문입니까?

우리는 하나님의 백성으로서 미래의 승리를 볼 줄 알아야 합니다. 그래서 그것을 기대하고 기다리며 최후 승리의 감격을 현재 시점에서 누려야 합니다. 당장 내일 어떤 일이 벌어질지 모른다 하더라도 마지막 순간에 하나님이 심판하실 것을 안다면 작은 욕심에 집착하지 않을 것입니다. 그래서 믿음은 시제와 깊은 관련이 있습니다. 마지막을 볼 줄 알고 그 마지막을 오늘의 상황에 적용하며 사는 것이 바로 믿음입니다.

저는 이 말을 참 좋아합니다. "오늘은 나의 남은 생애의 첫날입니다." 이 말은 분명한 종말사상을 내포하고 있습니다. 종말사상이 없는 사람은 현재의 삶을 남용하기 쉽습니다. 불교의 윤회설은 사람을 그냥 주저앉게 합니다. 긴박함이 없습니다. 왜냐하면 죽어도 다시 태어나기 때문입니다. 운명론자들은 될 대로 되라고 자기 인생에 대해 신경 쓰지 않습니다. 하지만 그리스도인들은 마지막 순간이 올 것이라는 사실을 알고 있습니다. 우리에게 새 하늘과 새 땅이 있지만 그것은 새로운 시작이고,

그 새로운 시작 전까지는 오늘이 마지막이라는 것입니다.

그리스도인에게는 오늘이 바로 마지막 순간입니다. 우리에게 내일이란 없습니다. 하지만 내일이 주어진다면 그것은 하나님의 은혜입니다. 그러므로 그리스도인은 오늘에 충실해야 하고 최선을 다해야 합니다. 하나님이 보장하는 세계가 있다는 것을 알고 오늘에 종말을 적용하며 살아가야 합니다.

우리가 드리는 예배가 마지막이라고 생각해 보십시오. 가족들과 함께하는 그 시간이 세상에서 보내는 마지막 순간이라고 생각해 보십시오. 얼마나 숭고하고 진지하게 보내겠습니까? 그렇게 하루를 보낸 뒤에 내일이 주어지면 우리는 또다시 새로운 감사로 하루를 시작해야 합니다. 이렇게 그리스도인은 항상 하루를 새롭게 삽니다. 그리고 그런 삶이야말로 우리가 날마다 누려야 하며 물려주어야 할 기쁨의 축제입니다.

물질과 사람의 능력을 뛰어넘는 위대한 배경
) 승리의 주체가 되시는 하나님

에스더서 9장은 하나님의 백성들이 최후의 승리를 거두는 장면을 보여줍니다. "그날"이라는 말이 강조된 것도 그런 의미를 충분히 드러내고 있습니다. 그러면 그들의 승리 요인에서 우리가 배울 수 있는 것은 무엇입니까?

그들의 결정적인 승리 요인은 사람을 잘 만났기 때문입니다. 유대인의 결정적 승리 요인은 동족인 모르드개가 총리의 자리에 있었기 때문입니다. 만일 하만이 여전히 그 자리에 있었다면 그들은 승리하기는커녕 도륙을 면치 못했을 것입니다. 모르드개가 총리로 있었기에 새로운 조서가 내려졌고 이로 인해 대적들과의 전쟁에서 이길 수 있었던 것입니다.

왕이 절대 지지하는 모르드개가 총리로 있었기에 유대인의 입장을 지지하는 관리들이 많았고 모든 민족이 유대인을 두려워하여 능히 막을 자가 없었습니다. 이로 인해 유대인을 도륙할 날만 기다리고 있었던 대적들은 정작 그날이 왔는데도 죽은 하만의 조서에 기대어 유대인을 공격하려는 엄두조차 내지 못했습니다.

모르드개의 사회적 출세가 유대인의 승리에 결정적 영향을 끼친 것을 보며 우리는 이런 상황을 이 시대를 살아가는 그리스도인들의 삶에 적용하기도 합니다. 그래서 그리스도인들이 사회 각계각층에서 높은 자리에 오른다면 복음을 더 쉽게 전파할 수 있을 것이라고 생각하는 사람들도 많습니다. 물론 그런 측면도 있습니다. 하지만 사도행전을 보십시오. 그 당시 제자들의 사회적 위치는 권력이나 권세와는 거리가 멀었지만 교회는 강한 힘으로 성장하고 있었습니다.

중요한 것은 물질보다 사람이 위대하다는 것이며 사람보다 더 위대한 분은 바로 하나님이라는 사실입니다. 에스더 9장 4절에는 예전과는 달라진 모르드개의 위상이 강조되는데, 만일 이 때문에 유대인이 승리할 수 있었다면 그것은 결국 하나님의 승리를 보여주는 것입니다. 하나님은 우리 눈에는 보이지 않지만 그 하나님이 우리의 승리를 보장하실 것입니다. 이것이 바로 하나님을 향한 믿음입니다.

우리는 승리하기 위해 살아갑니까? 아니면 이미 승리한 상태입니까? 만일 승리하기 위해 살아간다면 불안할 수밖에 없습니다. 하지만 승리를 보장받았다면 우리는 이 세상을 담대하게 살아갈 수 있습니다. 에스더서가 우리에게 던지는 메시지는 최후 승리가 하나님께 있다는 사실입니다. 그러므로 우리가 세상을 살아가면서 승리하려면 승리의 주체인 하나님을 믿고 따라야 합니다.

경계해야 할 합리화와 정당화
세속과의 전쟁에서 승리하기

그런데 에스더서에서 의문을 갖게 되는 부분이 있습니다. 하나님의 이름으로 승리한 것은 좋지만 유대인은 왜 이렇게 많은 사람들을 죽여야 했을까요? 에스더서 9장 6~16절에서도 10명이나 되는 하만의 아들들이 죽임을 당하고, 수산에서도 800명의 사람이 죽임을 당하며, 다른 지역에서도 7만 5,000명이 유대인의 손에 죽게 됩니다. 여기서 우리가 본문의 문맥을 정확히 파악한다면 상황을 이해할 수 있습니다.

그 당시 이들의 싸움은 단순한 주먹다툼이 아니라 전쟁의 일환입니다. 전쟁은 자기 방어의 수단이며 성경 또한 전쟁을 반대하지 않습니다. 강도가 칼로 죽이려고 하는데 가만히 죽는 것은 올바른 자세가 아닙니다. 칼로 죽이려고 하면 자기 몸을 보호하기 위해 방어해야 합니다. 본문에 드러나는 유대인의 행위는 자기 방어였습니다. 그것도 자신들의 믿음을 지키기 위해 스스로를 보호한 것이었습니다.

교회에도 세속사상이 들어올 수 있습니다. 그렇기 때문에 우리는 그것이 들어오지 못하도록 방어해야 합니다. 더 나아가 우리는 죄에 대하여 분명한 방어력을 가지고 있어야 합니다. 단순히 방어 정도가 아니라 죄를 섬멸하겠다는 분명한 각오가 있어야 합니다. 이것이 바로 승리자의 자세입니다.

우리는 에스더서 9장에서 특정한 어구가 반복되는 것을 볼 수 있습니다. 그들이 대적들을 죽일 때마다 대적들의 재산에는 손을 대지 않았다는 데 주목해 보십시오.

"곧 함므다다의 손자요 유다인의 대적 하만의 열 아들을 죽였으나 그들의 재산에는 손을 대지 아니하였더라"(에 9:10).

"아달월 십사일에도 수산에 있는 유다인이 모여 또 삼백 명을 수산에서 도륙하되 그들의 재산에는 손을 대지 아니하였고"(에 9:15).

"왕의 각 지방에 있는 다른 유다인들이 모여 스스로 생명을 보호하여 대적들에게서 벗어나며 자기들을 미워하는 자 칠만 오천 명을 도륙하되 그들의 재산에는 손을 대지 아니하였더라"(에 9:16).

이 모습을 보며 생각해야 할 점은, 대적의 공격을 막는다는 것을 빌미로 자기 욕심을 채우는 행위를 합리화하거나 정당화해서는 안 된다는 것입니다.

오늘날 신앙을 위장한 위선과 자기 합리화가 얼마나 많습니까? 하나님의 일을 한다는 명목으로 자기 생각이나 행동을 정당화하는 사람들이 얼마나 많습니까? 성경 말씀을 자기 자신을 위한 방어수단으로 쓴다면 그것은 신앙이 아닙니다. 우리가 승리자라면 우리는 분명 승리의 주체이신 하나님을 항상 기억해야 하며, 자기 합리화나 정당화는 단호한 결단으로 물리쳐야 합니다.

소원이 무엇이냐고 왕이 물어보았을 때 에스더는 죽은 하만의 아들들을 장대에 매달아 달라고 합니다. 이것을 보며 우리는 에스더를 정말 잔인한 사람이라 생각할지 모르겠습니다. 하지만 그녀는 이런 행동을 통해 '앞으로는 유대인을 대적하는 행위를 절대 용납하지 않겠다.'는 단호한 결단을 보여줍니다. 다시 말해 유대인의 대적을 확실히 멸하겠다는 의지와 결단의 표현입니다. 이것은 이 시대를 살아가는 우리에게 동일하게 적용됩니다.

부림의 교훈
영원히 함께 누리는 믿음의 승리

모르드개와 에스더를 비롯한 유대인은 대적들을 도륙한 뒤에 잔치를 열고 그날을 기념하여 부림절이라고 하였습니다. 부림절이라는 말은 하만이 유대인을 학살할 날짜를 정하기 위해 시행했던 제비뽑기 '부르'에서 유래합니다. 유대인이 다른 것도 아니고 바로 그 제비뽑기를 의미하는 단어를 따서 기념일의 이름을 정한 이유는, 하만을 비롯한 대적들과의 전쟁을 대대로 기억하며 다시는 이런 일이 생기지 않도록 후손들에게 교훈을 주려는 것입니다. 이 내용은 에스더서 9장 28절에 잘 나타나 있습니다.

"각 지방, 각 읍, 각 집에서 대대로 이 두 날을 기념하여 지키되 이 부림일을 유다인 중에서 폐하지 않게 하고 그들의 후손들이 계속해서 기념하게 하였더라."

성경에는 모르드개와 에스더의 승리처럼 하나님의 백성들이 굳건한 믿음으로 승리한 믿음의 역사를 매우 소중하게 기록하고 있습니다. 그것이 기록된 것은 그 승리가 당대의 영광으로 끝나지 않고 대대로 이어지게 하고 전파하기 위해서입니다. 승리한 사람이 그것을 자기만 끌어안고 있다면 그것은 반쪽 승리에 불과합니다. 그래서 에스더서 9장 32절 말씀처럼 부림절의 사건은 책에 기록되었고 오늘날까지 이어지고 있습니다.

"에스더의 명령이 이 부림에 대한 일을 견고하게 하였고 그 일이 책에 기록되었더라."

이 세상에서 가장 큰 승리자는 누구입니까? 예수 그리스도를 믿는 사람들, 다시 말해 죄와 사망의 권세에서 벗어난 사람들입니다. 우리는 이 땅에 오셔서 우리를 위해 십자가에 달리시고 부활하신 예수 그리스도를 통해 새 생명을 얻고 새로운 피조물이 된 사람들입니다.

하나님의 자녀가 되었다는 것은 얼마나 큰 영광이며 승리입니까? 우리는 그 승리를 이 땅에서 어떻게 누려야 하겠습니까? 승리의 주체이신 하나님을 항상 기억하며 날마다 그 승리를 재현시켜 주실 것을 기대하며 기다려야 합니다. 늘 승리의 축제를 부르며 살아가되 대적을 이겼다고 방심하거나 교만해서는 안 됩니다.

우리는 에스더와 모르드개가 기록한 부림절 승리의 사건을 기억해야 합니다. 하나님이 완성하신 승리와 그 하나님을 힘입어 그분의 백성들이 누릴 바로 그 승리를 많은 사람들과 함께 나누어 갖는 위대한 사역에 동참해야 합니다. 그것이 바로 하나님의 백성인 우리가 누릴 진정한 승리입니다.

10장

영원한 세상을 향하여

아하수에로 왕이 그의 본토와 바다 섬들로 하여금 조공을 바치게 하였더라 왕의 능력 있는 모든 행적과 모르드개를 높여 존귀하게 한 사적이 메대와 바사 왕들의 일기에 기록되지 아니하였느냐 유다인 모르드개가 아하수에로 왕의 다음이 되고 유다인 중에 크게 존경받고 그의 허다한 형제에게 사랑을 받고 그의 백성의 이익을 도모하며 그의 모든 종족을 안위하였더라(에 10:1~3).

세 문장의 위력
작은 마무리가 보여주는 명확한 결말

실제 있었던 일화를 기초로 만들어진 영화를 보면, 스토리가 종결된 뒤에 주요 인물들의 근황을 소개하는 경우가 많습니다. 그것은 영화의 내용 못지않게 주인공들이 그런 고통과 어려움을 뚫고 누리게 된 현재의 영광을 보여줌으로써 관객들에게 엄청난 카타르시스를 안겨주기 때문입니다. 에스더서의 본문 또한 이런 영화의 마지막 자막처럼, 스토리가 끝난 뒤에 역경을 극복한 주인공들의 삶을 담담하게 그려냅니다.

사실 에스더서 9장을 끝으로 모든 갈등구조가 종결되었고 권선징악이 마무리되었다고 볼 수 있습니다. 왕을 마음대로 움직이면서 절대 권력을 행사하던 하만이 제거되었고, 절대적으로 불리한 위치에 놓여 있던 에스더와 모르드개는 영웅이 되었습니다. 그리고 바람 앞의 촛불처럼 꺼져 가던 유대인은 오히려 원수들을 도륙함으로써 통쾌한 복수극이 완성되었습니다.

이렇게 볼 때 3절만으로 이루어진 에스더서 10장은, 긴장감을 극대화시켰던 이전 장들의 내용에 비해 너무나 보잘것없게 느껴지기도 합니다.

성경을 읽다 보면 에스더서 10장의 경우처럼 마지막에 살짝 붙어 있는 장들이 있습니다. 그냥 끝나도 될 것 같은데 마치 '부록'처럼 그리 중요해 보이지 않는 내용이 붙어 있는 것입니다.

요한복음 21장도 동일한 경우입니다. 20장 31절의 마지막에는 "오직 이것을 기록함은 너희로 예수께서 하나님의 아들 그리스도이심을 믿게 하려 함이요 또 너희로 믿고 그 이름을 힘입어 생명을 얻게 하려 함이니라"고 하면서 요한복음의 기록 목적이 언급되어 있습니다. 이렇게 20장으로 끝나야 요한복음의 웅장함이 살아나는 것 같습니다. 그런데 21장이 이어지면서 예수님이 디베랴 호수에서 고기를 잡던 베드로를 비롯한 제자들에게 나타나셨다는 내용이 언급됩니다. 이런 이유로 20장에 이어 나오는 21장이 요한복음의 감동을 약화시킨다고 생각하는 사람도 있습니다.

하지만 요한복음 21장이 부록처럼 보이는 장인지는 모르나 21장의 그 평범한 사건이 사도행전을 통해 드러나는 베드로의 사역을 굳건하게 만들었습니다.

이렇게 부록처럼 나온 장은 언뜻 보면 중요해 보이지 않으나 깊이 들어가 보면 그 의미에 놀라움을 느끼게 되는 경우가 많습니다.

에스더서도 언뜻 보면 9장으로 끝날 때 더 깔끔하게 마무리되는 것 같습니다. 10장은 그야말로 부록의 장으로, 읽어도 그만 안 읽어도 그만인 듯한 인상을 줍니다.

에스더서 9장은 보는 이들을 화려하고 웅장하며 신나게 만드는 내용이 들어 있습니다. 위기에 처했던 유대인이 어려움을 극복하고 상대방을 납작하게 만든 승리의 분위기로 가득합니다. 길이에 있어서도 32절이나 됩니다.

그러나 10장에서는 단 3절을 통해 아하수에로 왕이 그의 본토와 바다 섬들로 하여금 조공을 바치게 했고 모르드개를 높였으며 그런 것들이 역사에 기록되었다는 내용입니다. 그리고 모르드개는 존경받는 인물이었으며 그의 종족을 안위했다는 내용도 덧붙여져 있습니다. 하지만 핵심적인 갈등이 해소되고 모든 은원이 종결된 상황에서 이런 내용을 굳이 추가할 필요는 없는 것 같습니다.

그렇지만 본문의 내용은 그 전까지 이루어진 내용을 확증하고 하나님이 하신 일의 결과를 명확하게 드러내 보여준다는 점에서 매우 중요하며 반드시 필요한 장입니다.

샬롬 엔딩
하나님이 예비하신 완벽한 마무리를 향하여

그러면 에스더서 10장은 어느 정도의 가치가 있습니까? 3절을 보면 에스더서에서 본문이 차지하는 위치를 엿볼 수 있습니다.

"유다인 모르드개가 아하수에로 왕의 다음이 되고 유다인 중에 크게 존경받고 그의 허다한 형제에게 사랑을 받고 그의 백성의 이익을 도모하며 그의 모든 종족을 안위하였더라."

여기서 "안위하였더라"는 말은 "샬롬을 말하였다"는 것으로 매우 중요한 의미를 담고 있습니다. 에스더서의 이야기가 9장으로 끝났다면, 에스더서는 유대인이 엄청난 위기를 극복한 것은 물론이고 오히려 대적을 제거했으며 그날을 기념하여 부림절이라 했다는 정도의 내용으로 끝나고 맙니다.

그러나 10장을 통해 에스더서는 단순히 그들이 위기로부터 구원받았다는 내용으로 끝나지 않고, '샬롬' 즉 완벽한 상태의 회복이야말로 진정한 구원이라는 사실을 드러냅니다.

모르드개는 자기 민족을 구출하는 역할만 한 것이 아니라 그 이후에도 나라의 번영을 위해서 귀하게 쓰임 받았다는 사실을 보여줍니다. 여기까지 완료되어야 에스더서가 완성되는 것입니다.

다시 말하면 모르드개가 단순히 동족의 위기를 극복하는 역할을 끝으로 역사의 뒤안길로 사라져버린 것이 아니라, 그 뒤에도 민족의 번영과 안위를 위해 적극적으로 활동했다는 사실을 강조하고 있는 것입니다. 이 10장의 내용으로 인해 에스더서는 샬롬 엔딩으로 끝나고 완성되며, 이 샬롬 엔딩은 영원한 세상의 아름다운 면모를 보여주고 있습니다.

에스더서의 메시지는 소극적인 방어의 수준에서 끝난 것이 아니라, 적극적인 공격의 수준으로 나아갔다는 점을 강조하고 있습니다. 단순히 그들이 위기에서 벗어났다는 사실에 머무르지 않고 샬롬을 완성했다는 사실을 드러내 보여줌으로써 에스더서의 메시지를 완성한 것입니다.

이것은 오늘날 우리에게 시사하는 바가 매우 큽니다. 왜냐하면 우리는 작은 의미에서 신앙만을 절대화하는 성향이 있기 때문입니다. 우리는 "나는 구원 받았다"고 안도하면서 그 속에 머무는 경우가 많습니다. 복음이 필요한 사람에게 나아가라는 하나님의 뜻을 알고 있으면서도 사명감을 의식하지 못하고 사는 경우가 많습니다.

우리에게 부여된 삶의 목적은 하나님의 백성으로서 하나님의 영광을 위하여 살아가야 하며, 믿지 않는 사람들에게 복음을 전함으로써 하나님 나라를 확장하는 것입니다. 하지만 예수를 믿기 때문에 구원받았다는 생각에만 집착하여 모든 것을 다 이룬 것처럼 여긴다면 그것은 매우 소극적인 신앙에 머물러 있는 것입니다.

우리는 이러한 예를 얼마든지 찾아볼 수 있습니다. 성경이 우리에게 요구하는 소극적인 측면은 무엇을 하지 말라는 것인데 반해, 적극적인 측면은 무엇을 하라는 것입니다. 그렇기 때문에 소극적인 신앙에 머무르는 사람들은 거짓말을 하거나 남을 미워하게 되면 마음에 부담을 느끼고 괴로워하지만, 적극적으로 남을 사랑하지 못한 것이나 하나님이 원하시는 일을 적극적으로 못한 것에 대해서는 큰 부담을 느끼지 않습니다. 이런 사람들은 자신이 전도하지 않는 것이나 교회를 통해 하나님 나라를 확장하는 데 참여하지 않는 것에 대해서는 그다지 심각하게 생각하지 않습니다.

믿음은 개인적인 것이기 때문에 혼자서 하나님만 바라보다가 때가 되어 하나님이 부르시면 가겠다고 생각한다면, 그것은 에스더서를 중간까지만 이해하고 받아들이는 것과 마찬가지입니다. 다시 말해 10장까지 모두 소화해야 이해할 수 있는 에스더서의 전체 메시지를 놓치고 있는 것입니다.

올바른 믿음과 교회를 세워 나가기 위해서는 잘못된 것을 지적하고 통곡해야 합니다. 한국교회가 잘못된 방향으로 가고 있다면 문제를 제기하고 함께 안타까워해야 합니다. 그러나 그런 상황을 개선하기 위해 자신이 무엇을 해야 하는지 깨닫지 못하고 뒷짐만 지고 있다면 그것은 에스더서를 중간까지만 받아들인 것과 마찬가지입니다.

우리의 신앙생활은 에스더서 9장까지 오기도 쉽지 않습니다. 자신에게 닥친 위기를 극복하고 대적까지 물리치는 것은 결코 쉬운 일이 아닙니다. 그러나 9장까지 왔다 하더라도 10장에 이르지 못한다면 그것은 반쪽짜리 신앙생활에 불과합니다. 말로만 하는 믿음은 진실한 믿음이라 할 수 없습니다. 왜냐하면 진실은 열매로 드러나기 때문입니다. 에스더서 10장의 샬롬 엔딩은 열매로 드러나는 진실한 믿음을 잘 보여주고 있습니다.

위기 극복을 넘어 샬롬으로
에스더서의 진정한 완성

에스더 10장의 분위기는 숨 가쁘게 하는 긴장감이 없습니다. 비록 짧은 분량에 불과하지만 분위기는 매우 온화하고 평화롭습니다. 위협적이거나 살벌하지도 않고 위기나 모험이 주는 긴장감도 없습니다. 단지 그동안 등장한 주요 인물들의 관계를 명확하게 정리해 주고 있습니다.

"아하수에로 왕이 그의 본토와 바다 섬들로 하여금 조공을 바치게 하였더라"(에 10:1).

언뜻 에스더 10장 1절 말씀을 부정적으로 해석할 수도 있지만, 따지고 보면 이 말씀은 제국에서 살아가는 누구나 공평하게 세금을 내고 자유를 누리게 되었음을 보여줍니다. 이 짧은 한 문장을 통해 우리는 페르시아 제국의 사회적 안정을 확인할 수 있습니다.

이어서 10장 2절에는 왕이 자신의 위엄과 권세를 드높인 모르드개를 높여 존귀하게 하고 그것을 왕들의 일기에 기록한 내용이 언급됩니다. 3절에는 모르드개가 왕 다음으로 유대인에게 존경과 사랑을 받았으며, 백성의 이익을 도모하며 모든 종족에게 샬롬을 만들었다고 기록되어 있습니다. 이 정도면 정말 아름다운 세상이 아닙니까?

에스더 1장의 시점으로 돌아가 보면, 그 당시에는 궁궐 안에 불안한 요소들과 갈등이 많았습니다. 그러나 이제는 그런 불안한 요소들이 완전히 사려졌습니다. 하만이 총리였을 때는 왕의 어리석음이 드러났지만 모르드개가 총리로 일하던 10장에서는 왕의 지혜로움이 드러납니다. 유대인의 여유로움도 드러납니다.

언뜻 봐도 아하수에로 왕의 체제가 견고하게 잡혀 있으며 나라의 분위기는 매우 밝고 활기차 보입니다. 그러나 에스더서는 이렇게 세상이 좋아진 것을 강조하는 선에서 허무하게 마무리되지는 않습니다. 에스더서가 우리에게 주는 메시지에는 '국가체제와 서민생활 안정'을 넘어서는 더 큰 의미가 담겨 있습니다. 그것은 에스더서에 등장하는 사람들의 회복입니다.

에스더는 모르드개에 의해서 안정을 찾았습니다. 아하수에로 왕도 하만과 동역할 때는 불안하고 어리석은 결재를 했지만, 모르드개와 함께 함으로써 자신의 정치적 능력을 십분 발휘하고 있습니다. 그리고 유대인도 모르드개를 통해서 안정을 찾습니다.

그러면 모르드개는 누구의 도움으로 이런 일을 해낼 수 있었습니까? 에스더서 10장은 모르드개를 가장 높이고 있습니다. 에스더서가 이렇게 마지막에 모르드개를 높이는 이유는 무엇입니까?

에스더서의 또 다른 주인공으로 그동안 결정적 역할을 감당한 에스더는 10장에 등장하지 않습니다. 개인적인 증오와 자존심 때문에 동족 전체에 위기를 초래한 모르드개보다 오히려 죽음을 각오하고 왕에게 나아간 에스더에게 더 높은 점수를 줘야 할 것 같은데 모르드개만 언급된 것은 언뜻 잘 이해가 되지 않습니다.

이렇게 볼 때 10장은 모르드개 한 사람을 특별히 높이고 칭송하려고 의도를 갖고 그에 대해 언급한 것이 아니라, 위기와 절망 속에 있던 모르드개를 하나님이 사용하셨다는 사실을 강조하고 있는 것입니다. 그 모르드개를 높이는 분이 누구입니까? 바로 하나님이십니다. 이렇게 에스더서는 하나님이 모르드개를 높이는 것으로 끝납니다.

모르드개는 아슬아슬한 위기 상황에 처해 있던 인물이었습니다. 그는 페르시아 본토인의 입장에서는 이방 소수민족에 불과했고 궁궐 문지기라는 초라한 직업을 갖고 있었으며 총리 하만에게 항상 경계를 받던 인물이었습니다. 그는 유대인을 죽이라는 조서가 내려졌을 때 동족들과 함께 궁궐 앞에서 대성 통곡했습니다.

그가 초래한 위기와 그에게 닥친 상황은 매우 불안하게 보입니다. 그러나 하나님은 그런 모르드개를 사용하셔서 개인적으로는 대 제국 페르시아에서 영광을 얻게 하시고 나아가서는 동족을 구하도록 이끌어주신 것입니다.

외형적으로는 사람이 한 것 같지만 이 일은 온전히 하나님이 함께하셨기에 완성될 수 있었습니다. 아름다운 세상이란 이처럼 하나님이 이끌어 가시는 세상입니다. 하나님이 이끌어주심으로 인해 에스더서는 단순한 위기 극복으로 끝나지 않고 더 이상 위기가 없는 샬롬의 세상으로 끝을 맺습니다.

하나님의 세상이 아름다운 것은 그것의 마지막이 샬롬이기 때문입니다. 그 과정에서 힘든 것도 있지만 하나님께서는 그것을 극복하게 하시고 궁극적으로는 샬롬을 만들어 주십니다. 그렇기 때문에 하나님이 주관하시는 아름다운 세상은 영원합니다. 그 마지막이 확실히 보장되어 있기 때문입니다. 그렇다면 이 확실히 보장된 세상을 하나님은 어떻게 만들어 가십니까?

우연과 운을 거부하기
위대한 하나님의 섭리를 기대하라

에스더서 10장에 이르기까지의 과정을 보십시오. 한마디로 위기의 연속입니다. 그런데 그 위기가 어떻게 극복됩니까?

왕후를 간택하는 과정에서, 궁녀를 주관하는 헤개가 에스더를 좋게 본 것은 인위적으로 된 것이 아닙니다. 모르드개가 역모를 알아내 왕을 죽음에서 구한 것 또한 그가 뛰어난 정보력을 갖고 있었기 때문에 이루어진 일이 아닙니다. 왕이 잠이 오지 않아 부하에게 궁중 일기를 읽게 하고, 그 와중에 모르드개의 공을 알게 된 것도 우연히 이루어진 게 아닙니다. 에스더가 왕에게 나아갈 때 왕이 그녀를 아름답게 생각하고 금규를 내민 것이나, 왕이 모르드개를 총리로 앉히고 유대인을 죽이려는 사람들을 도륙하게 한 것도 쉽게 예상할 수 없는 사건입니다.

하나님은 어떤 경우에는 왕으로 하여금 잠을 못 이루게 하셔서 자신의 일을 이루시고, 하만이 자기 꾀에 빠지게 하셔서 상황을 역전시키셨으며, 아주 작은 사건을 통해 매우 어려운 문제를 풀어 나가셨습니다. 에스더서의 내용은 이런 하나님의 놀라운 섭리가 가득 차 있습니다.

우리는 이 세상을 자기 의지대로 살아가고 있다고 생각합니다. 자기 마음대로 생각하고 계획한 대로 행동한다고 생각합니다. 머리를 잘 쓰면 결과가 좋고, 그렇지 않으면 일이 잘 풀리지 않는다고 생각합니다. 그러나 사실 이 세상은 각자의 생각대로 움직이지 않습니다.

그런 사실을 잘 알기 때문에 세상 사람들은 성공하려면 운이 따라야 한다고 말합니다. 그들은 하나님을 믿지는 않지만 하나님의 속성 가운데 지극히 작은 한 가지 면을 느끼고 있기 때문에 그런 말을 하는 것입니다.

그러면 에스더서에서 하나님의 섭리는 어떤 식으로 드러납니까?

우선 하나님은 가장 큰 위기에 처해 있던 사람을 위기 관리자로 삼으셨습니다. 하나님의 섭리에 따라 세상적으로는 전혀 기대할 게 없던 고아 에스더가 왕후가 됩니다. 여러 상황을 고려해 보면 그녀는 권세나 배경에 의지해 왕후가 된 것은 절대 아니었습니다.

또한 하나님은 자기를 높이는 사람을 낮추시기도 합니다. 하만과 그를 따르는 무리들을 보십시오. 모르드개를 장대에 매달아 죽이려던 하만이 그 장대에 매달리고, 유대인을 말살하려던 사람들이 오히려 죽임을 당합니다. 이렇게 하나님의 섭리는 인간의 생각과 계획을 초월하십니다. 우리가 진정 영원한 세상을 꿈꾼다면, 이러한 하나님의 섭리에 항상 민감하게 반응해야 합니다.

그러므로 에스더서는 9장이 아니라 10장으로 끝나야 합니다. 에스더서의 드라마처럼 우리 믿음의 삶도 단순히 위기를 극복하는 것으로 끝나서는 안 됩니다. 하나님이 주관하시고 완성하실 영광의 샬롬을 바라보며 이 시대의 에스더와 모르드개처럼 날마다 믿음의 경주를 해야 합니다.

영광의 샬롬
우리 시대의 에스더와 모르드개를 꿈꾸며

에스더와 모르드개를 통해 영광의 샬롬을 이루신 하나님의 역사를 바라보며, 이제 우리는 우리가 서 있는 자리에서 새로운 에스더서를 써나가야 합니다. 우리 그리스도인과 교회가 그려나갈 에스더서는 몇 장을 건너뛰거나 9장에서 끝나서는 안 됩니다. 에스더서 2장에서 에스더가 왕후가 되었다는 사실에만 집착해서 인간적 성공에만 도취한다면, 우리의 삶은 에스더서 2장에 머무는 인간적인 성공으로 끝나 버리고 맙니다. 왕이 위기에 처해 있을 때 공을 세웠고, 민족 최대의 원수에게는 절대 굽히지 않았다는 사실에 만족한다면 우리 믿음의 삶은 에스더서 2, 3장으로 끝나 버리고 맙니다.

조금 더 나아가 민족의 위기를 인식하고 기도한다 해도 거기에 만족하고 주저앉는다면 우리가 그려나갈 에스더서는 4장으로 마감하게 됩니다. 죽으면 죽으리라는 각오로 왕에게 나아가는 것에 만족하고 더 이상 움직이지 않는다면 우리는 에스더서 5장을 넘어서지 못합니다. 우리와 적대적인 위치에 있던 사람들을 제거하는 것에 만족한다면 우리는 가나안 땅을 밟지 못한 출애굽 1세대처럼 하나님이 에스더서 9장 이후에 예비하신 영광의 샬롬을 보지 못합니다. 그렇기 때문에 에스더서는 10장으로 막을 내려야 합니다.

본문에서 아하수에로 왕은 모르드개에 대한 이야기를 대 제국 메디아와 페르시아 왕들의 일기에 기록했습니다. 하지만 모르드개의 행적은 단순히 역사책에 기록된 것을 넘어서서 성경에 기록되어 오늘날까지 전해졌습니다. 그처럼 우리도 하나님으로부터 인정받는 사람이 되어야 합니다. 그리고 이 시대를 살아가는 우리는 단순히 소극적으로 믿음을 방어하는 데 그치지 않고, 하나님의 은혜를 입은 사람으로서 위기를 만나 방황하는 사람들에게 하나님을 전하고 샬롬을 나누어야 합니다. 이렇게 하나님이 예비하신 영원한 세상을 위하여 하나님께 완전히 헌신할 때 우리가 그려나가는 에스더서는 10장으로 마치게 되는 것입니다.

우리 자신과 우리 교회의 에스더서는 지금 몇 장에 와 있습니까? 1장이나 2장에서 방황하시겠습니까? 아니면 9장으로 만족하시겠습니까? 에스더서의 10장 3절을 통해 우리는 여러 가지로 부족했던 모르드개가 하나님의 은혜로 많은 사람들에게 사랑받고 존경받으며 자기 역할을 적극적으로 수행하는 것을 보았습니다. 이처럼 우리 그리스도인들도 방어적인 믿음의 자세가 아니라 이 세상에 하나님의 도를 적극적으로 실천하는 삶을 살아야 우리 삶의 에스더서를 10장으로 마무리할 수 있는 것입니다.

하나님께서는 모르드개가 완벽했기 때문에 그를 사용하신 것이 아니었으며, 그 기준은 우리에게도 동일하게 적용됩니다. 하나님이 우리를 통해 변화시키실 세상을 용기 있게 바라보며 그분이 이끌어 가실 영광의 샬롬에 동참합니다. 에스더서 10장에서 모형으로 보여주셨듯이 하나님이 완성하신 영원한 세상을 위하여 기도하며 달려갑시다.